FLIX SPECIAL
『パシフィック・リム：アップライジング』＋ギレルモ・デル・トロ

CONTENTS

『パシフィック・リム：アップライジング』大特集

『パシフィック・リム』徹底分析

ギレルモ・デル・トロ大研究

special

多くの熱狂的なファンを生み出した『パシフィック・リム』。全世界のファンが熱望した最新作が遂に公開される。日本を含む世界中の都市を舞台に、超巨大KAIJUと人型巨大兵器イェーガーによる新世代の戦いがはじまる。

Pacific Rim:Uprising

2018年アメリカ映画／監督＝スティーヴン・S・デナイト／出演＝ジョン・ボイエガ、スコット・イーストウッド、ジン・ティエン、ケイリー・スピーニー、菊地凛子、新田真剣佑、バーン・ゴーマン、アドリア・アルボナ、チャーリー・デイほか／上映時間＝111分／配給＝東宝東和／4月13日より全国にて公開

ジェイクの義理の姉、マコはPPDC（環太平洋防衛軍）で事務総長として勤務している

英雄の息子ジェイクはイェーガーの廃棄された部品を盗んで生計を立てている

イェーガーのパーツを盗んだアマーラとジェイクを追うPPDCのイェーガー「ノーベンバー・エイジャックス」

逮捕されたジェイクは釈放の代わりにPPDCに再入隊し、かつては親友だったネイサン・ランバートと共に若きパイロット訓練生を指導することになる

全世界で大ヒットしたKAIJUアクション超大作『パシフィック・リム』ファン待望の最新作

ジェイクとネイサンはイェーガーの優秀な整備士ジュールスに好意を寄せる

中国にあるモユラン・シャッタードームでパイロット・チームを率いるクァン司令官

今でもイェーガーの改良を続けるハーマン・ゴットリーブ博士と、今はシャオ産業で働くニュートン・ガイズラー博士

リーウェン・シャオ率いるシャオ産業は無人型イェーガーを開発していた

文＝清水 節

第1作『パシフィック・リム』で描かれた戦いの歳月は、約12年に及んだ。2013年、海底の割れ目から突如としてKAIJUが出現し、人類を恐怖のどん底に陥れる。それは、地球侵略を企てる異次元世界の知的生命体プリカーサーによって、異世界をつなぐゲートから、この地球へと送り込まれた巨大モンスターだった。環太平洋沿岸地域の大都市が次々と襲撃され、世界は壊滅状態に追いやられた。

翌年、脅威に怯える国々は「環太平洋防衛軍」を結成。彼らはKAIJUを迎え撃つため、人型巨大兵器イェーガーの開発を始める。それは、2人のパイロットが、互いの脳をシンクロさせることで操縦する巨大ロボットだ。それから約10年も続く激しい死闘を経た2025年、スタッカー司令官（イドリス・エルバ）の犠牲的精神による決死の戦闘と、ローリー（チャーリー・ハナム）とマコ（菊地凛子）が搭乗する第3世代のイェーガー「ジプシー・デンジャー」の活躍によって、ようやく人類は勝利することができた――。

怪獣映画や巨大ヒーローもの、ロボットものなど、日本独自の特撮やアニメというサブカルチャーから多大なインスピレーションを受け、本シリーズの世界観を生み出した前作の監督ギレルモ・デル・トロがプロデュース側に回り、今回新たに起用された監督は、ネットフリックス製作のスーパーヒーロー・ドラマ「Marvel デアデビル」や歴史スペクタクル・ドラマ「スパルタカス」で名を馳せたスティーヴン・S・デナ

第６世代軍のリーダー、ジプシー・アベンジャー

第５代世代ながら第６世代と共に戦うブレーサー・フェニックス

イェーガーの中で最もスピーディーに動くセイバー・アテナ

イト。彼は、前作を超えるには、まずドラマを強化しなければならないと考え、TVシリーズ製作のスタイルで数名の脚本家チームを編成し、キャラクターとストーリーを創造していった。

人類が不安を抱えながらも、さらに10年が過ぎ去り、『パシフィック・リム：アップライジング』では、荒廃した2035年の世界が描かれる。これは、先の戦争中に生まれた新世代を中心とする物語だ。

ジョン・ボイエガが扮する主人公ジェイクは、KAIJUとの戦いで命を落とした伝説的な司令官スタッカーの息子。彼は、将来を嘱望された環太平洋防衛軍のパイロットだったが、偉大な父へのコンプレックスとプレッシャーから道を踏み外し、ロサンゼルスで爛れた日々を送っている。

戦いで破壊されたイェーガーが放置されたままの廃墟の街では、ロボットの自作を目的とする連中が、パーツの闇取引をしている。ジェイクもそんな怪しい仕事に身を落としているが、あるとき、少女アマーラ（ケイリー・スピーニー）と出会う。KAIJUによるトラウマを背負う孤児である彼女は、メカいじりの才能に恵まれ、1人乗りの小型イェーガー「スクラッパー」を自作していた。がらくたの寄せ集めによる全長約12メートルのそのロボットは、球状に変形して猛スピードで自在に転がることも可能。いつ訪れるか分からないKAIJU出現に備えるだけでなく、アマーラは、奴らに憎しみをたぎらせている。

防衛軍のイェーガーを前に無謀な行動を

ジプシー・アベンジャーらに襲いかかるオブシディアン・フューリー

モユラン・シャッタードームで訓練を続ける新世代の若きパイロットたち

取ったアマーラと共にジェイクも逮捕されてしまう。そして2人の運命は大きく変わり、物語は動き出すのだ。マコはスタッカーの養女であり、ジェイクの義理の姉に当たる。防衛軍の事務総長に就任していたマコは、無罪放免にする代わりに、ある条件を突き付ける。防衛軍に再入隊し、中国のモユラン・シャッタードームで、「カデット」と呼ばれるパイロット候補生たちの指導に当たるよう、義弟を促した。そこでは、ジェイクのかつての親友、パイロットのネイサン（スコット・イーストウッド）が教官の任に就いていた。勝手に防衛軍を離脱したジェイクを、ネイサンは快く思っていない。2人の確執がドラマを膨らませていく。そして、未知数だがパイロットとしての才能を見込まれたアマーラは、カデットで訓練するよう送り込まれることになる。

防衛軍が開発した第6世代の最新型イェーガーと、KAIJUの再出現によって急きょ機体に乗り込むことになる若き候補生たちの熾烈を極めるアクションが、本作最大の見どころだ。

イェーガーのパイロットとして戦うため、幼少期から訓練を続けてきた彼らのキャスティングは多様性に富んでいる。互いの心身をシンクロさせて操縦するイェーガーは、これまで兄弟や親子、夫婦といった血や感情の繋がりが濃密な者同士こそベスト・パートナーとされてきたが、防衛軍のプログラムがヴァージョン・アップし、関係性を問わずシンクロすることが可能になった。日本出身のパイロット、リョーイチ（新

サンタモニカの戦地で自身の護衛のために廃品パーツを集めてイェーガー「スクラッパー」を組み立てた孤児のアマーラ

田真剣佑）が、キューバ出身のレナータ（シャーリー・ロドリゲス）と共に、最もスピーディなイェーガー「セイバー・アテナ」でツイン・ブレードを武器とする。ロシア出身のイリヤ（リーヴァイ・ミーデン）は、インド系の最年少スレシュ（カラン・ブラル）は、次世代チェーンソードで敵を破壊するイェーガー「ガーディアン・ブラーボ」に搭乗。そして新人アマーラは、香港出身のジナイ（ウェスレイ・ウォン）とロシア系のヴィク（イワンナ・サクノ）と共に、ミサイルを発射可能な3人乗りのイェーガー「ブレーサー・フェニックス」を操縦することになる。人種やバックグラウンドを問わずに一致団結するのが、新世代パイロットであるカデットの理念だ。

もうひとり注目すべき新キャラクターは、KAIJUからの防衛を目的とする民間企業、シャオ産業の創業者にして社長のリーウェン。レジェンダリー・ピクチャーズ作品『グレートウォール』や『キングコング：髑髏島の巨神』でお馴染みとなった中国人女優ジン・ティエンが演じるリーウェンは、理知的で冷徹な経営者。ドローン型イェーガーを開発すると同時に、パイロットが遠隔操作できる無人機のイェーガーも生産し、ドリフトに耐えるパイロット訓練を不要にしてしまう。その技術はフィジカルを誇るパイロットたちからの反発を食らい、人間関係のドラマはより複雑になっていく。

そんなシャオ産業の研究開発部門トップの座に就いたのが、前作でKAIJUの脳と人間の脳をドリフトさせる方法を開発し

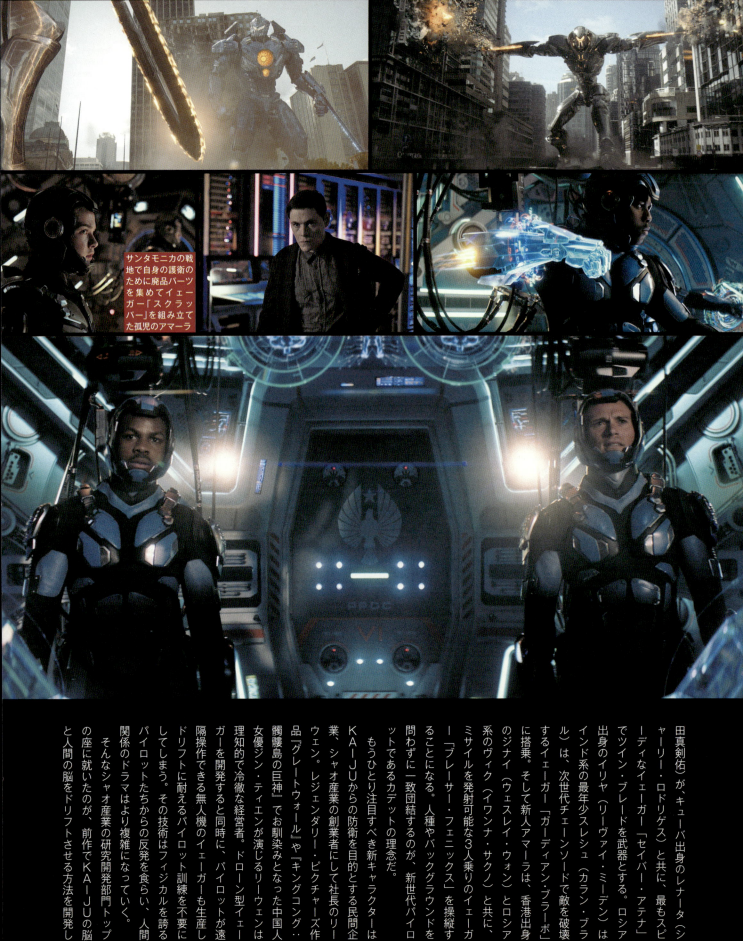

太平洋の深海のブリーチから再び現れたKAIJUが東京の街を襲う

た元防衛軍のニュートン博士（チャーリー・デイ）。彼の元同僚だったゴッドリーブ博士（バーン・ゴーマン）は未だ防衛軍に在籍し、KAIJUの血液反応を利用した燃料システムを開発中。2人の一風変わった博士の存在は、本作の展開において重要な鍵を握っている。

　では、カタストロフはどのように起きるのか。それは正体不明の未登録イェーガーの襲撃から始まった。食い止めるために勃発するイェーガー対イェーガーの戦いという想定外のシチュエーション。その間に、太平洋で異次元からのゲートが開いて、再びKAIJUが姿を現し、たちまち平和な日々は断ち切られる。

　世界の終わりを阻止するため、経験が浅いカデットが出撃する。ジェイクとネイサンが乗り込む第6世代軍のリーダー、ジプシー・デンジャーの後継機「ジプシー・アベンジャー」率いる、少年少女7人が操縦する3機のイェーガー。より凶暴化してパワーアップした新種のKAIJUたちから、地球を救うことは出来るのか!?

　デナイト監督は、世界観を保ちつつ前作から10年後を描くため、ヴィジュアル面での差別化を明確に打ち出した。撮影監督はダン・ミンデル（『アメイジング・スパイダーマン2』『スター・ウォーズ／フォースの覚醒』）、プロダクション・デザイナーにシュテファン・デシャント（『BFG：ビッグ・フレンドリー・ジャイアント』『キングコング：髑髏島の巨神』）という、こだわりの布陣。デル・トロ監督は前作のバ

東京の街でイェーガーとKAIJUの戦いが始まる

ライジン、ハクジャ、シュライクソーンの3匹のKAIJUが東京を襲う

トル・シーンで夜間や雨のシーンを多用したが、デナイト監督は意欲的にバトルのメインを日中に設定した。白昼、KAIJUに襲撃される都市で逃げ惑う群衆。その光景は、デナイトが愛してやまない昭和の怪獣特撮の1シーンを彷彿とさせる。

最終決戦の地は東京。凶暴な3体のKAIJUは合体してMEGA－KAIJUに変貌する。イェーガーが高層ビルをKAIJUめがけて浴びせかける攻撃は、『シン・ゴジラ』の作戦の影響を思わせる。高円寺や西東京の案内標識もアップになる東京都心大破壊のバトルの最中、ビル街にガンダム立像がちらりと映るから要チェック。そしてKAIJUは富士山を目指す。

イェーガーたちの雄姿には、前作以上に日本の巨大ロボットの記憶が詰め込まれている。ソードを振りかざして戦う姿は、ビームサーベルを手にした「ガンダム」さながら。重厚感よりも俊敏さを強調した動きは「エヴァンゲリオン」を思わせる。

前作のジプシー・デンジャーがロケットパンチを発射する姿は「マジンガーZ」そのものだったが、今作ではジプシー・アベンジャーがロケットを手にして空を飛び、必死にKAIJUに追いつくシーンが登場。そう、マジンガーZは飛行ユニット・ジェットスクランダー装備前の第32話「恐怖の三つ首機械獣」で、放たれた宇宙観測ロケットを手で掴むことによって何とか大空を飛翔し、全速力で敵に追いついた。そして敵を捕獲し着地したのは、富士山麓だった。そんなオマージュにも注目せよ！

登場人物紹介

Characters

ネイサン・ランバート

スコット・イーストウッド

PPDC（Pan Pacific Defense Corps＝環太平洋防衛軍）のトップクラスのパイロットであり、若い才能の育成にも力を注ぐ。かつてパートナーであったジェイクとは過去に浅からぬ因縁がある。

ジェイク・ペントコスト

ジョン・ボイエガ

人類のために犠牲になった英雄スタッカー・ペントコスト司令官の息子。イェーガーのパイロットになるトレーニングを諦めていたが、疎遠になっていた森マコ（父親の養女）によって最後のチャンスをもらう。

森マコ

菊地凛子

ジプシー・デンジャーのパイロットとして人類を救った英雄。世界を守るために、今も環太平洋防衛軍に勤務する。イェーガーのパーツを盗んだことでPPDCに捕まったジェイクを訓練生のコーチにリクルートする。

アマーラ・ナマーニ

ケイリー・スピーニー

辛い過去を背負い、KAIJUへの復讐を心に誓う15歳の少女。サンタモニカの廃墟に住み、極秘に自分の手でイェーガー（スクラッパー）を作り上げるが、やがて壮大な戦いに巻き込まれていく。

ニュートン・ガイズラー博士

チャーリー・デイ

KAIJUのエキスパート。KAIJUの頭脳を人間にドリフトする装置を作って、かつて裂け目を閉じることに成功した。現在は環太平洋防衛軍を離れ、シャオ産業の研究・開発部のリーダーとして働いている。

リーウェン・シャオ

ジン・ティエン

シャオ産業のCEO。無人型イェーガーを開発し、PPDCの評議会の承認を得ようとする。冷酷で冷静で正確に物事を判断する。自分の目的のためには手段を選ばず、誰も彼女を止めることはできない。

マーシャル・クァン

マックス・チャン

モユラン・シャッタードームでPPDCの最も高い地位にいる司令官。前作から10年後の2035年、人類はKAIJUを制圧していたが、新たなるKAIJUの出現に備え、PPDCではパイロットの育成とイェーガーの開発を続けている。

ハーマン・ゴッドリーブ博士

バーン・ゴーマン

環太平洋防衛軍で働くドイツ人の数理学者。常に杖を持ち歩いており、かなりの潔癖症。KAIJUの血液反応を利用した燃料システムを開発中である。化学式を平衡させるために、古い友人のニュートンの助言を求める。

リョーイチ

新田真剣佑

PPDCの「カデット」と呼ばれるパイロット訓練生で、レーナタと組んで、セイバー・アテナに乗り込む。かなり若い頃からイェーガー のパイロットになるための訓練を続けてきている、イェーガーオタクの日本人。

ジュールス

アドリア・アルホナ

モユラン・シャッタードームでPPDCのメカニックとして働いている。イェーガーを常に完璧な状態に整備するチームを率いている。ランバートは彼女に気があるようだ。ジェイクもパワフルで自信あふれる姿勢に惹かれていく。

ジョン・ボイエガ

John Boyega

「僕はイェーガーとイェーガーの戦いを見たかった」

構成＝編集部

—あなたは映画をプロデュースしました。役者で出演するだけとはどう違うんですか？

「（役者は）製作のミーティングに呼んでもらえない（笑）。そういうことには関わらない。現場にやって来て、シーンをやって、家に帰るだけなんだ（笑）。それが違いだよ。そういう製作のプロセスに関わるということは、明らかに、もっとずっと初期からそのプロジェクトに関わるということだよ。撮影現場でのスタッフのチャレンジを知ることになる。

—プロデューサーとして、ギレルモ・デル・トロはどれくらい関わったんですか？

「彼は、最初の段階ですごく深く関わった。でも彼が『シェイプ・オブ・ウォーター』をやり始めてからは、去らないといけなかった。でも面白いことに、撮影の最中、ファイト・シーンで問題があったんだ。もっと興味深いことをやる必要があった。映画を前進させる助けをする何かが必要だった。そうしたら、彼はノートを送ってきてくれたんだ」

—菊地凛子さんとの仕事はいかがでしたか？

「ファンタスティックだったよ。彼女が今作に戻ってくるのはとても重要だった。彼女は明らかに『パシフィック・リム』で愛されていた。彼女は観客がこういう映画を信じるのに必要な多くのブリッジの一部だと思う。彼女がジェイクにどういう人になるべきかを気づかせてくれるんだ。彼女がその家族の一員だから、他の誰もできないように、彼をペントコスト家に連れ戻すことが出来るんだ。彼女と一緒に仕事が出来たのはナイスだったよ」

—前作との主な違いは何ですか？

「主な違いは、とてもはっきりしていると思う。1つ目はイェーガーとイェーガーの戦いを見たかった。僕は完全な善や完全な悪を信じていない。変化を欲しているグループの中にも葛藤があると思う。2つ目は、ロボットにもっと早く動いて欲しかった。なぜなら、10年経っているからだ。進化した武器がある。新しくなったものがある。だから、もっとクールなアプローチが必要なんだ。そして3つ目は、イェーガーのパイロットたちの起源の物語を見たかった。彼らはどのようにこの仕事を始めたのか？　イェーガーのパイロットはどこから連れて来られたのか？　それは、明らかに前作で掘り下げることが出来なかったことだ。そういうことを少しずつ議論する機会が与えられた。それが今作の映画作り全体で僕を引きつけたことなんだ。

—あなたの最も好きなアニメや怪獣映画は何か教えてもらえますか？

「僕が大好きなアニメは、『進撃の巨人』だよ。僕の一番好きな怪獣映画は、ウルトラマンが出ているものすべてだ」

—アクションシーンは大変でしたか？

「実際にイェーガーの操縦装置を組み立てるのが大変だった。紙の上で決めたことは分かっていたが、実際にそれを作って、役者たちにその装置に関わらせるのは大変なんだ。トレッドミルのような装置が必要だったし、しかもブルースクリーンの前で演じなければならなかった。両方のバランスを取るのは挑戦だったね。ケイリーがリハーサルをする前に、（ロボットを操縦するための）装置に乗せたんだ。でも彼女は上体を起こしておくことが出来なかった。なぜなら彼女は奇妙な球体が行ったり来たりするものに乗っていたからね。常に『僕たちは本当にそれを出来るの？』って感じだった（笑）よ」

—デナント監督は撮影を始める前に、参考になるような映画を観るようにと言ったりしましたか？

「いいえ。『パシフィック・リム』の続編だったからね。ギレルモ・デル・トロの精神はあまりにユニークだから、今作のガイドとなるような他の映画はないよ」

スコット・イーストウッド

Scott **E**astwood

「僕は前からギレルモ・デル・トロ監督のファンでね」

構成＝編集部

―ノンストップのアクションが壮観な映画でしたね。アクションはいかがでしたか？

「本当に壮観で、ダイナミックな映画だよね。すごく大規模な映画だから、作り上げていくのは複雑で大変だった。みんなが同じ方向へ進むようにしていくのに、相当な努力が要るんだ。そして撮影が終わっても、完成させるのに数年がかかる。だからこそ完成した作品を観るのがすごく楽しみなんだ。あなたも実際に観て、とても楽しかったと言ってくれた。すべてがいい感じでまとまると、うれしく思う」

―脚本を読んで、この作品に出演したいと思った理由は？

「僕は前からギレルモ・デル・トロ監督のファンでね。前作で、彼は面白い世界を作り出した。だから脚本を渡された時、読むのが楽しみだった。そして読んだら、僕の役ネイサンとジョン・ボイエガが演じたジェイクのやり取りが面白くて、新しい物語のプロットを気に入ったんだ」

―女性の姿が積極的に描かれている点が、素敵だと感じました。さらに本作は女性だけでなく訓練生の若者の描き方も素晴らしいです。

「確かにそうだね。そこで僕は訓練生の教官役を演じた。〝愛のムチ〟みたいな役で、演じていて楽しかったよ。訓練生である若者たちは僕より10～15歳くらい年下だった。つまり、僕は彼らの兄貴みたいな存在の役だったんだ」

―スケールの大きなアクションシーンが多いですが、あの世界はどういうふうに膨らんだと思います？

「どういうふうに膨らんだか？ ギレルモ・デル・トロ監督が前作で作った世界を基にしている。時代の設定は前作の10年後。例えば現在から10年後を想像すると、みんなは自動運転車を使うようになってるかな？ その10年間で技術はどのぐらい進むだろうか？ 技術において、10年はとても長い。だから映画の中の世界も、前作よりかなり進化したと思う」

―ジョン・ボイエガとケイリー・スピーニーとの共演はどうでした？ あなたたちの相性は素晴らしいと思いました。

「そうだね。ジョンもケイリーも才能豊かな役者だし、彼らはとてもいい演技をしたと思う。共演して楽しかったよ。彼らのおかげで、スムーズに仕事ができた」

―映画には面白いガジェットがたくさん登場しています。最も好きなガジェットは何ですか？

「間違いなくイェーガーだ。ジプシーだからね」

―ジプシー・アベンジャーをはじめイェーガーといえば、パイロットたちが鎧のようなスーツに身を包み、体をたくさん動かして演じますよね。こんなに肉体的な負担がかかることを想像しましたか？ スーツで動くことは大変でしたか？

「肉体的に大変だったよ。あのスーツは重かった。スーツなしであんな風に動いたとしても大変だと思うよ。操縦装置のランニングマシンの上で走ったりした。周りに特殊効果の機材がある環境でね。そのうえ、15キロくらいの重さのスーツを着なきゃいけなかった。それを着ながら動くと、体にかなり負担がかかるんだ」

ケイリー・スピーニー

Cailee Spaeny

「前作を観ていない人も、きっと楽しめる」

構成＝編集部

——どんな映画か話してくれますか?

「撮影中は、セットの素晴らしい出来を実際に見て、本当に映画の世界にいる感じがしたけど、完成した作品を観ると、さらに驚くわ。私が出演したブルースクリーンで撮影したシーンが完成したものを観て、撮影中に自分が想像したシーンよりもはるかに面白くなっているの。そういう意味で、こういうCGを使う映画は、役者として興味深い作品ね。最後のシーンまで演じても、映画は半分もできていないのよ。でも、とても素晴らしい作品に仕上がったし、戦いのシーンも迫力満点よ」

——前作の『パシフィック・リム』のファン層は男女半々くらいでした。今回は、若者ももちろんそうですが、特に女性がとても積極的に描かれています。その点について話してください。

「映画初出演作品として、とても素晴らしい機会だったと思う。若い女性の手本となるような、存在感のある役を演じられて光栄よ。彼女は賢くて知的で、周りの人に負けない勝ち気な女性ね。映画初出演で、こんなに素敵な役を与えられたことを本当にうれしく思ってるわ。若い女性の観客の反応が知りたくてたまらない」

——映画初出演作品が、こんな大作で緊張しましたか?

「緊張したわ。〝何が起きてるの?〟みたいな感じで、いまだに興奮しているの。主演女優になることすら夢にも思わなかったけど、ギレルモ・デル・トロ監督が作ったこのすごい世界に参加できるなんてね。そして映画を初めて監督したスティーヴンと一緒に仕事をしたこともうれしいわ。セットも巨大だしね。初めて海外に行くこともできた。ジョン・ボイエガとも共演できた。そのすべてに、私は今も驚いているの。そして、すごく感謝してる」

——あなたにとって、このような作品の脚本の魅力は何ですか?

「前作の『パシフィック・リム』を観てすごく気に入ったから、どんな作品なのかイメージがすでにできていたわ。脚本を読んで、物語をどういうふうに展開するのか理解できた。新しいキャラクターと前作からのキャラクターがいい感じで組み合わせられていて、とても素晴らしい脚本だと思ったわ。誰もが気に入る、家族向けの映画になるはずよ。前作を観ていない人も、きっと楽しめる」

——あなたたちは硬いスーツを着ながら、体をたくさん動かして演じたそうですね。撮影における大きな課題になったと思いますが、この課題が面白くて楽しいものになることは想像してました?

「確かに、あれほど体を動かして演技することには慣れてなかったわ。だって、今まで私はまったく運動してなかったもの。地元でも走ったことがないほどよ。私たちは毎日1、2時間ジムでトレーニングした。撮影現場で12時間働いてから、ホテルのジムでトレーニングしたの。でもキャストが一緒だったから、案外楽しかったわ」

——セットには楽しいガジェットがたくさんあります。もしかして記念品としてあるものを持って帰ったりしました?

「私はヘルメットが欲しいと伝えたから、もらえるかもしれないわね。私の頭の形に合わせて作られたものだし、スーツのヘルメットを持っている人はいないから、持って帰りたいわ。そしてイェーガーのスクラッパーの中で遊ぶのが、すごく楽しかった。最も好きなガジェットはそれだったわ」

バーン・ゴーマン&チャーリー・デイ

Burn Gorman / Charlie Day

「僕はKAIJUの脳みそで遊ぶのが大好き」（ゴーマン）

「破壊のスケールが大きくて、そしてスピードがすごい。壮観だ」（デイ）

構成＝編集部

――あなたたちにとって最も大きな課題は何でしたか？

ゴーマン「チャーリーと共演するシーンで笑わないように頑張ることかな」

デイ「それが最も大きな課題？」

ゴーマン「まあ、もっと大きな課題もあるけど。でも、また『パシフィック・リム』という遊び場に来ることができて、新しいエネルギーを感じられてよかったよ。数人以外、ほとんど新しいキャストだしね」

デイ「最も大きな課題は、前作で自分が演じたキャラクターに忠実でありながら、進歩があったという風に演じることだった」

――アクションと冒険にあふれた大規模な映画になったということに驚きました？

デイ「完成した映画を観るといつも驚くよ。僕たちは特に驚いたね。なぜなら、出演シーンの多くは実験室内だから、主だったアクションシーンの撮影には参加しなかったんだ。だから、完成した映画のアクションシーンを観て、他の役者たちがどんなことをしてたか初めて知ったんだ。ある意味で作品を初めて体験する感じで、新鮮だったよ」

ゴーマン「そうだよね。僕は視覚効果の人たちの仕事ぶりに、とても感心している。彼らはすごく長い時間をかけて細かい仕事をする。完成品を観ると、うれしい驚きを感じるよ」

――アクションシーンについて話してください。

ゴーマン「ＩＭＡＸで観たいね。せっかく大規模な映画だから、大きな画面で観たいよ」

デイ「本当にすごいアクションシーンだ。破壊のスケールが大きくて、そしてスピードがすごい。壮観だ」

――新しいキャラクターについて話してください。

ゴーマン「新しいキャストに会えてうれしかった。ケイリーをはじめ若いパイロットたち、そしてジョン・ボイエガも。最初の日からエネルギーにあふれたコラボで勢いがある気がした。様々な国で撮影したしね。オーストラリアのシドニーとゴールド・コースト、中国とか。まるで移動遊園地のツアーに参加する感じで楽しかった」

デイ「本作には新しいキャストが登場する。僕らはまた前作の役を演じて、いくつかのシーンに出ているけど、物語の中心にいるのは新しいキャストだ。そのうちの何人かは映画初出演だった。大規模な映画に出る機会を与えられた彼らが喜んでいるのを見ると、僕らもこの仕事に参加することができて、どんなに幸運なのか思い出したよ」

――続編で前作の役を再び演じたかった理由は？

ゴーマン「２０１３年に完成した前作では、実写で撮る独創的な世界が描かれた。そういう機会を与えられるのは珍しいことだから、この複雑な世界にまた参加したかった。個人的には僕はＳＦのファンで、頭の中で別世界へ行くのが好きなんだ。また出演できてワクワクしたよ」

デイ「僕は、ギレルモ・デル・トロ監督が始めたことを捨て去りたくなかった。彼は大規模なシリーズ作品にしたいと願ったし、素晴らしいキャラクターを創り出して僕に最高の機会を与えてくれた。今回、彼は監督をしなかったけど、僕は彼がせっかく創った世界に、参加し続けたいと考えたんだ」

――あなたたちの一番好きなガジェットは？　もしかして持って帰りたいものがあります？

ゴーマン「僕はＫＡＩＪＵの脳みそで遊ぶのが大好き。手触りがとても面白いんだ。触ってると楽しいよ」

デイ「ドローンのパイロットたちがヘルメットをかぶって、セットにぶら下がっていた。彼らは一日中、ぶら下がったまま我慢しなきゃならなかった。僕じゃなくてよかったよ。でも彼らの姿を見て楽しかったね。“大丈夫か？　誰か、この人に水を飲ませてあげてよ”って感じに思った。セットは面白かったよ」

スティーヴン・S・デナイト監督

Steven S. Deknight

「デル・トロは〝『パシフィック・リム』を君自身のものにしてほしい〟と言ってくれたんだ」

文＝平沢 薫

スティーヴン・S・デナイト監督は、これまで人気シリーズ「Marvel デアデビル」「スパルタカス」シリーズの企画・製作総指揮・脚本を手がけてきた実績の持ち主。この続編への取り組みは、まず、前作の素晴らしさを認識するところから始めた。

「前作が素晴らしいのは、オリジナル作品であることだ。今、スタジオは、コミックやゲームの映画化作や、古い映画のリメイク作ばかり作りたがっている。そんな状況の中で、ギレルモ・デル・トロ監督は、まったく新しい世界を創り上げた。まず、その精神を大切にしたいと思った。だから、続編だからといって、前作と同じことをやるわけにはいかない。前作の精神を尊重して、そこに新しい要素を吹き込まなくちゃならない。それで、時代設定を10年後にしたんだ。前作の世界観を踏襲しつつ、でも10年後だから、イェーガーもアップグレードされているし、KAIJUたちの能力も進化している。そういうふうにオリジナルを大切にしながら、新鮮なものを盛り込んでいくことを心がけたよ。だけどもちろん、前作の物語の中心にあったものは変えていない。〝お互いに違う部分のある者たちが団結して、一緒に戦う〟というテーマは同じだ。それが今の現実へのメッセージなところもね。楽しさが詰まっているのも前作と同じにしたつもりだ」

前作のギレルモ・デル・トロ監督は、本作の製作がスタジオの都合で遅れているうちに、『シェイプ・オブ・ウォーター』の企画がGOになり、それを監督するため、本作の監督を降りて製作に回ったが、後任の監督選びには加わった。デナイト監督は、デル・トロ監督の公認なのだ。

「彼と会ったのは、今回が初めてだったけど、初対面の時から、暖かくて素晴らしい人柄を感じさせてくれた。会ってから1時間は、この映画の話はしないで、これまで自分が愛してきた映画やコミックの話ばかりしていたよ。その時に、子供時代に好きだったものに共通点があるのが分かって、盛り上がったんだ。僕らは成長期に、同じモンスター映画やファンタジー映画を観ていて、同じように大好きなんだ。それから、〝荒涼館〟（デル・トロが集めた映画の小道具などを展示している博物館のような家）に招かれた。あそこに行った時は、まるで小さな子供のような気持ちになったよ。あそこにあるものを全部見たいし、全部で遊びたいと思った（笑）。小さな

骸骨があって、それはハリーハウゼンの「アルゴ探検隊の冒険」の骸骨だったんだけど、レプリカかと思ったら『本物だよ』と言われて、びっくりしたよ。あれを見て、子供の頃に、あの映画で骸骨が動くのを見て驚いて、ワクワクした気持ちが蘇った。あの館ではそういう話をいっぱいしたよ。多分、そういう会話の中で、僕のことを『パシフィック・リム』の世界を継承していくのに相応しいと感じてもらえたんじゃないかな」

そして彼が監督に決まってから、デル・トロは嬉しいアドヴァイスをくれた。

「彼は〝『パシフィック・リム』を君自身のものにしてほしい〟と言ってくれたんだ。そして〝助けが必要な時には、なんでも協力する〟とも言ってくれた。〝これから、自分がずっと温めていた作品に取り掛かるから――その作品が『シェイプ・オブ・ウォーター』だったと後で分かるんだけどね――、とても忙しくなるんだけど、でも必要な時にはいつでも声をかけてくれ。だけど、君の映画を作ればいい〟って言ったんだ。彼はとってもオープンだった」

話にも出てきたが、監督はデル・トロ同様、日本の特撮映画やアニメが大好きだ。

「『パシフィック・リム』は日本の巨大ロボットアニメの影響も受けている。特に『機動戦士ガンダム』の影響は大きい。それと「マジンガーZ」『ロボテック』（『超時空要塞マクロス』『超時空騎団サザンクロス』『機甲創世記モスピーダ』を全米放送用に再編集した作品）。そういうアニメの映像には子供の頃から魅了されてきた。だからイェーガーとKAIJUの戦闘シーンには、アニメのタッチを少し入れるような感じで演出しているよ。特撮怪獣映画は、オリジナルの『ゴジラ』も好きだし、あのシリーズはみんな好き。子供の頃に観たウィリス・オブライエンの名作『キング・コング』も好きだし、日本版の『ゴジラVSコング』も好きだ。子供の頃に、人間がスーツを着て演じる日本の怪獣映画に興奮したんだ、ゴジラ、ガメラ、メカゴジラ、キング・ギドラ、すべてにね。今でも好きだよ。TVでやっているとつい、見てしまう。『ウルトラマン』など特撮TVシリーズも好きだよ。でも一番好きなのは『マグマ大使』なんだ。ちょっと変わってて、ユーモアがあって、エキサイティングで、ビューティフル。悪役のゴアも最高だった。あとゴアの軍団の〝人間もどき〟たちが大好きなんだ。斬ら

れると、青いマッシュポテトのようなものが出てくるなんて、ファンタスティック！　それにあのオープニング・シーン。あれは当時のどの作品よりもクールだ。『マグマ大使』は自分の一部になっているから、この映画にも自然に何らかの形で影響していると思うよ。この作品は、日本でもあまり有名じゃないそうだけど、アメリカではまったく知られてなくて、いつも僕がみんなにどんな作品なのか説明してた。今でも年に4回はネットで『マグマ大使』の新しいDVDが出ていないかチェックしている。高画質のブルーレイが発売されるように祈ってるんだ。ブルーレイが出たら、もっとたくさんの人々がこの作品のことを知ってくれると思うから。それほど素晴らしくて、時代の先を行く作品だったと思う」

　好きな作品の話になると、いきなり熱く語りだす。そんなところがオタクっぽい。デル・トロも彼のそういうところに〝同類感〟を感じたのかもしれない。

　そして彼もデル・トロ同様、ただのオタクではない。「Marvel デアデビル」などのリアルなアクション演出は高く評価されている。しかし、巨大モンスター・アクションは今回は初めて。どのように取り組んでいるのだろう。

「イェーガーとKAIJUのバトルシーンで難しいのは、サイズ感、重量感の描き方だ。観客に、彼らの巨大さ、重さを感じさせたいんだけど、それをやりすぎてアクションの速度が遅くなると、バトルがエキサイティングじゃなくなる。だから、重量感のスピードのバランスが、すごく難しいんだ。でもそれ以外は、僕のアクション場面の考え方は、基本的に『デアデビル』や『スパルタカス』と同じだ。ファイトシーンを、ただ身体的なバトルじゃなくて、感情的にも戦いであるように演出するんだ。その戦いが、キャラクターの心情的にどういうものなのか、彼の感情にどう影響するのかを描く。それが重要なんだ。そして、KAIJUもキャラクターだ。彼らには感情があるし、痛みも感じる。怒りもする。そういうKAIJUたちの気持ちを意識して、バトルシーンを演出したよ」

　バトルシーンの最後のクライマックスの舞台は、東京。

「僕が最初に決めたことの1つは、第三幕が東京になるということだ。なぜって僕が大好きな怪獣映画やTVでは、必ず東京に巨大モンスターが出てくるし、子供の頃からそれが大好きだったからさ」

　そのシーンの演出を考える時に、監督と、VFXスーパーヴァイザーのピーター・チャンは、ユニークな方法を使った。

「僕らは、大きなテーブルの上にビルや道路を作って、映画と同じ街を作って、そこでKAIJUやイェーガーのおもちゃを手に持って、実際にバトルしたんだ。あの時はみんなが子供に帰ったよ。そうやって、僕らはおもちゃで遊びながら、どう演出するべきかを討論したんだ。そのシーンでは、KAIJUもイェーガーも、複数が同時に動いている。誰が誰を、どのタイミングで攻撃するのか。すると建物はどんなふうに壊れるのか。最後のバトルは、そうやって実際におもちゃを動かしながら決めて行ったんだ」

　監督がこだわったのは、アクション演出だけではない。バトルシーンの映像表現も、前回と同じにならないよう意識した。前作のバトルは、夜や雨、海の中など暗い場所で起きたが、本作の戦闘は明るい日中に勃発する。

「前作のバトルシーンは美しい。僕はギレルモ（デル・トロ監督）が創造した夜の雨が好きだ。あの天候や暗さなどの要素が、戦闘シーンの幻想的な雰囲気を高めていたのは間違いないと思う。でも今回は、観客に別のものを見せたいと思った。それに『ウルトラマン』や『マグマ大使』では昼の戦いが多かったから、それらへのオマージュとしても昼のバトルを描きたいと思ったんだ。VFX的には暗い場所を舞台にするより難しいんだ、すべてが見えてしまうから。でも挑戦したいと思った。それに、夜の雨のバトルを描いたら、ギレルモ以上のものが作れるとは思わないから、それなら別の方向を目指した方がいいよね（笑）」

　巨大ロボットものといえば、人気シリーズ『トランスフォーマー』を思い出してしまうが、監督には、その違いが明確だ。

「まったく違う。その違いは〝人間〟だ。『パシフィック・リム』は巨大マシンの中に人間がいる。人間の魂がある。イェーガーは、人間の能力を倍増した存在であって、マシンじゃない。イェーガーは基本的に人間なんだ」

　さて、製作スタジオのレジェンダリーといえば『GODZILLA ゴジラ』『キングコング　髑髏島の巨神』で知られる巨大モンスター映画の宝庫。これらの映画とのコラボレーションの可能性を尋ねるとこんな答が返ってきた。

「それはいいね。僕も観てみたいな（笑）」

雄々しき鋼鉄の狩人たち

KAIJUの襲撃から人類を守るために開発される

KAIJUを倒すために開発された全高80メートルの人型巨大兵器。Jagerはドイツ語で「狩人」を示す。操縦には人の神経とマシンを接続する「ドリフト」という方法がとられ、パイロットスーツを着たパイロットの動作がイェーガーに伝達される。

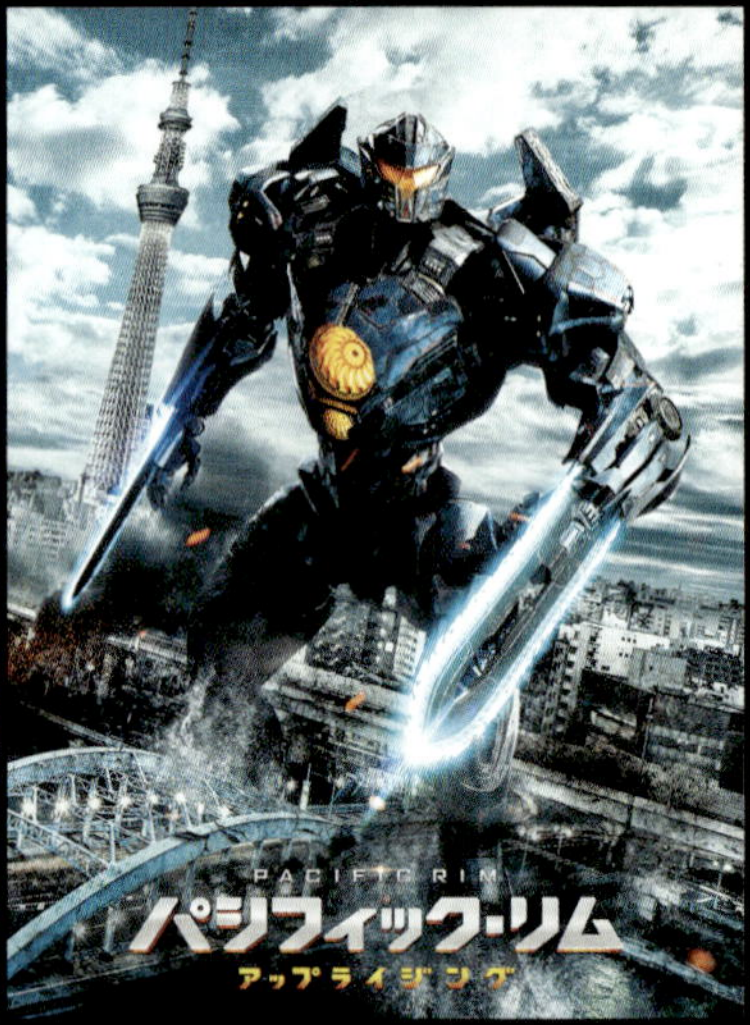

文＝ガイガン山崎

ハリウッド発の怪獣映画と喧伝されることも少なくない『パシフィック・リム』。だが、ロボットアニメの実写ヴァージョンという表現のほうが、より実態に近いと言えるだろう。「機動戦士ガンダム」の大ヒット以降、ロボットアニメはミリタリズムをライトに楽しむことができるジャンルとして進化していき、人間が乗り込んだロボット兵器同士のバトルを見せ場とする作品が主流となっていたが、かつて巨大ロボットの敵と言えば、侵略者が送り込む怪獣と相場が決まっていた。マジンガーZなら機械獣、ゲッターロボならメカザウルス、コン・バトラーVならどれい獣といった具合に。

　さて、かようにクラシカルな巨大ロボット像を踏襲しているイェーガーだが、それだけには終わらない。たとえば、パイロットの神経とマシンを接続する「ドリフト」なる操縦方法は、非常に独自性の高いものだ。もちろん、パイロットの動きを巨大ロボットにトレースさせるマスタースレーブ方式の操縦そのものは、「ジャンボーグA」や「機動武闘伝Gガンダム」といった前例を挙げることができるし、米映画『ロボ・ジョックス』の影響も間違いなく存在するが、2人のパイロットが……となると話は別だ。大の大人が横並びになって足踏みする様は、馬鹿馬鹿しくも新しく、何よりもクールだった。しかしイェーガーのオリジナリティの肝といえば、やはりそのルックスにあると断言していい。頭に原子炉を載せたチェルノ・アルファや3本腕というフリーキーな佇まいのクリムゾン・タイフーンなど、日本人からはなかなか出てこない発想ではないか。全機体に共通する傷つき汚れ錆びついたディテールこそ、ガンプラ的リアリズムといえなくもないが、夜景や深海などで存在感を発揮する各部センサーライトも含めて、ギレルモ・デル・トロならではの美意識の現れと解釈すべきだろう。

　最新作『パシフィック・リム：アップライジング』では、そういったフェティッシュな部分は控えめになっており、スタイリッシュでヒロイックな機体が揃っている。ただし、唯一の前世代機という設定のブレーサー・フェニックスには、前作同様の泥臭い魅力があり、しかも最終決戦ではイカついトゲつき鉄球まで装備してくれる。これで乗り込むのが女性という意外性もあり、スマートな主役機ジプシー・アベンジャーよりも、こちらのほうが好きだという向きも多いのでは？　注目の1体だ。

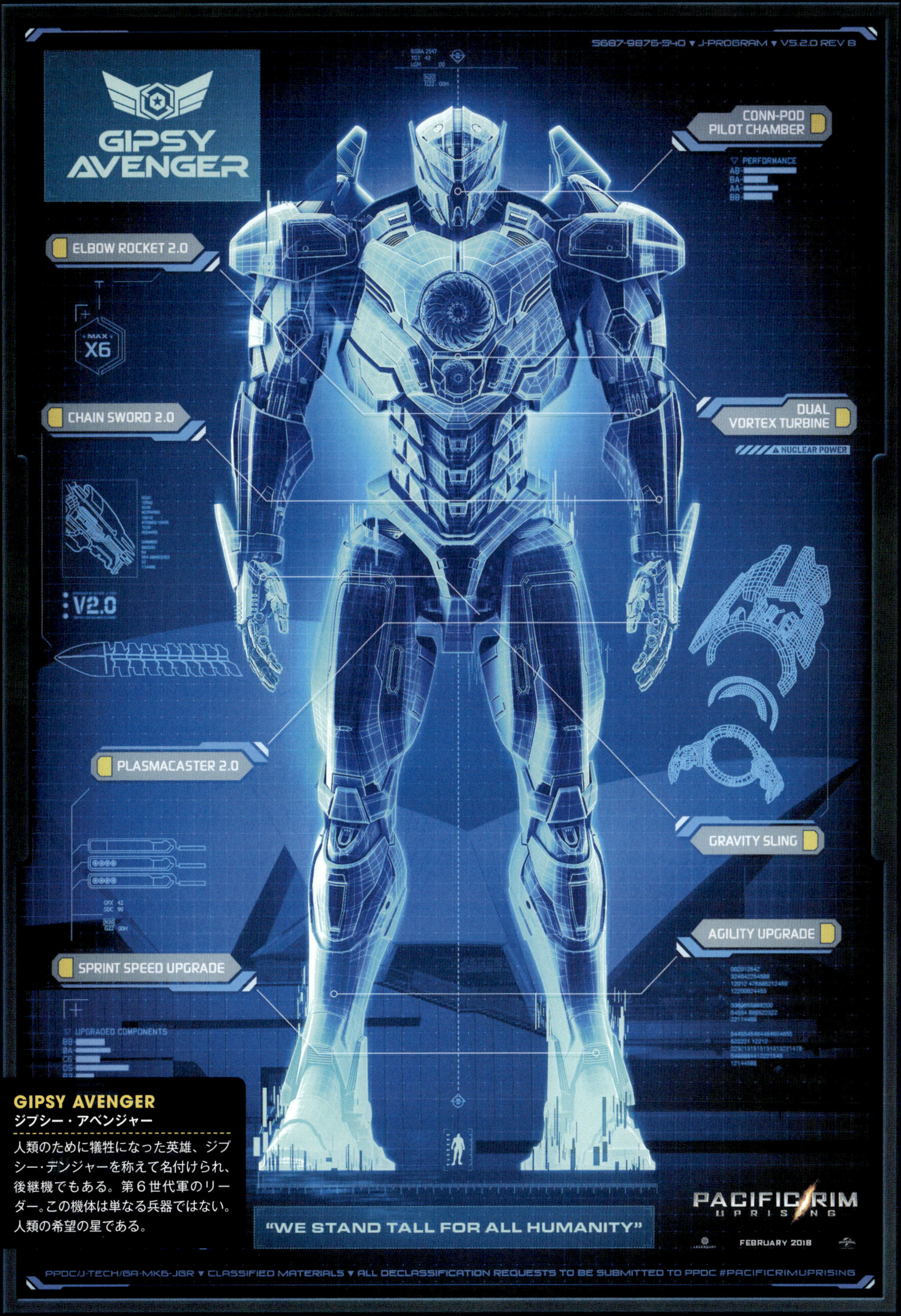

GIPSY AVENGER

ジプシー・アベンジャー

人類のために犠牲になった英雄、ジプシー・デンジャーを称えて名付けられ、後継機でもある。第６世代軍のリーダー。この機体は単なる兵器ではない。人類の希望の星である。

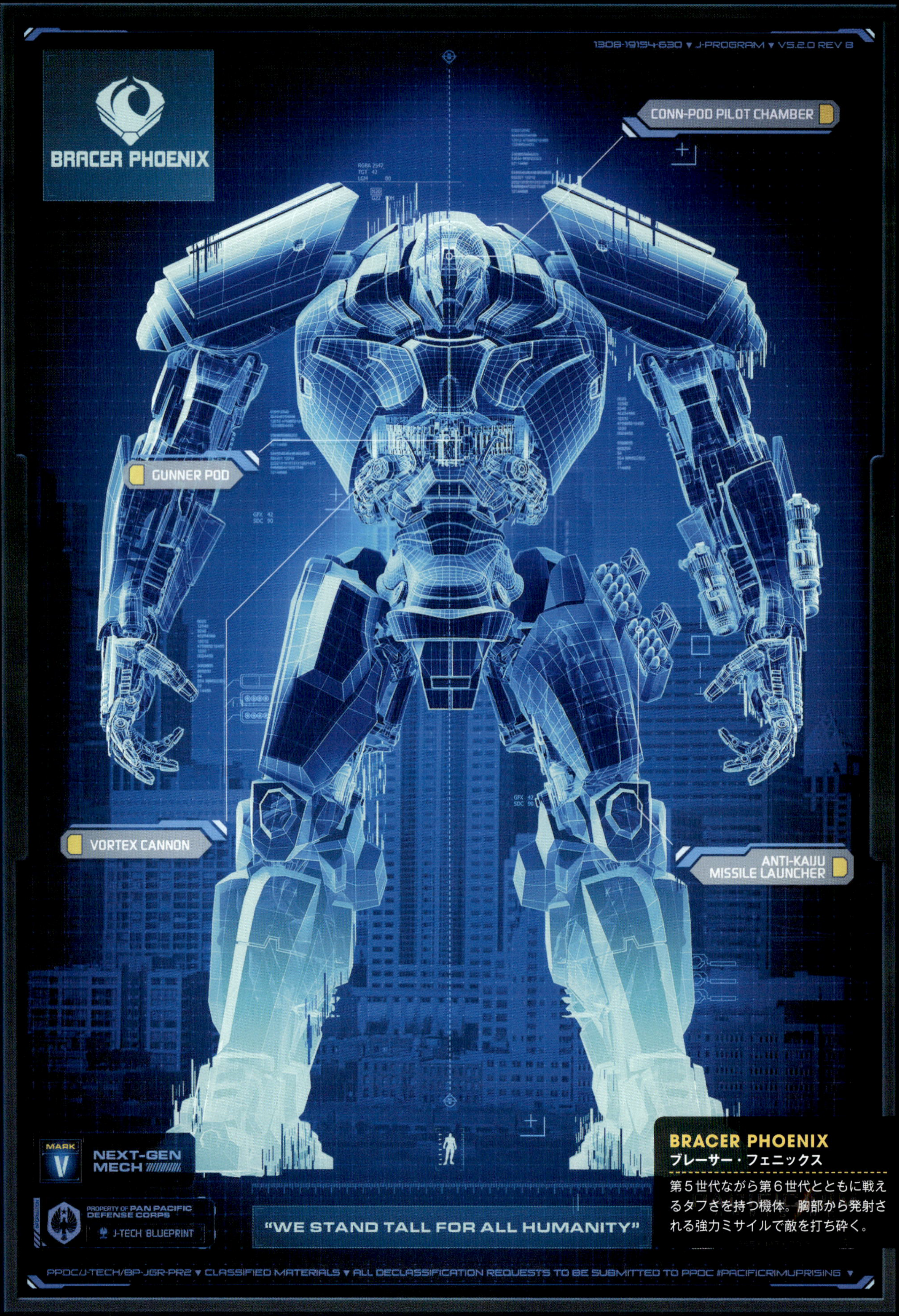

BRACER PHOENIX
ブレーサー・フェニックス

第５世代ながら第６世代とともに戦えるタフさを持つ機体。胸部から発射される強力ミサイルで敵を打ち砕く。

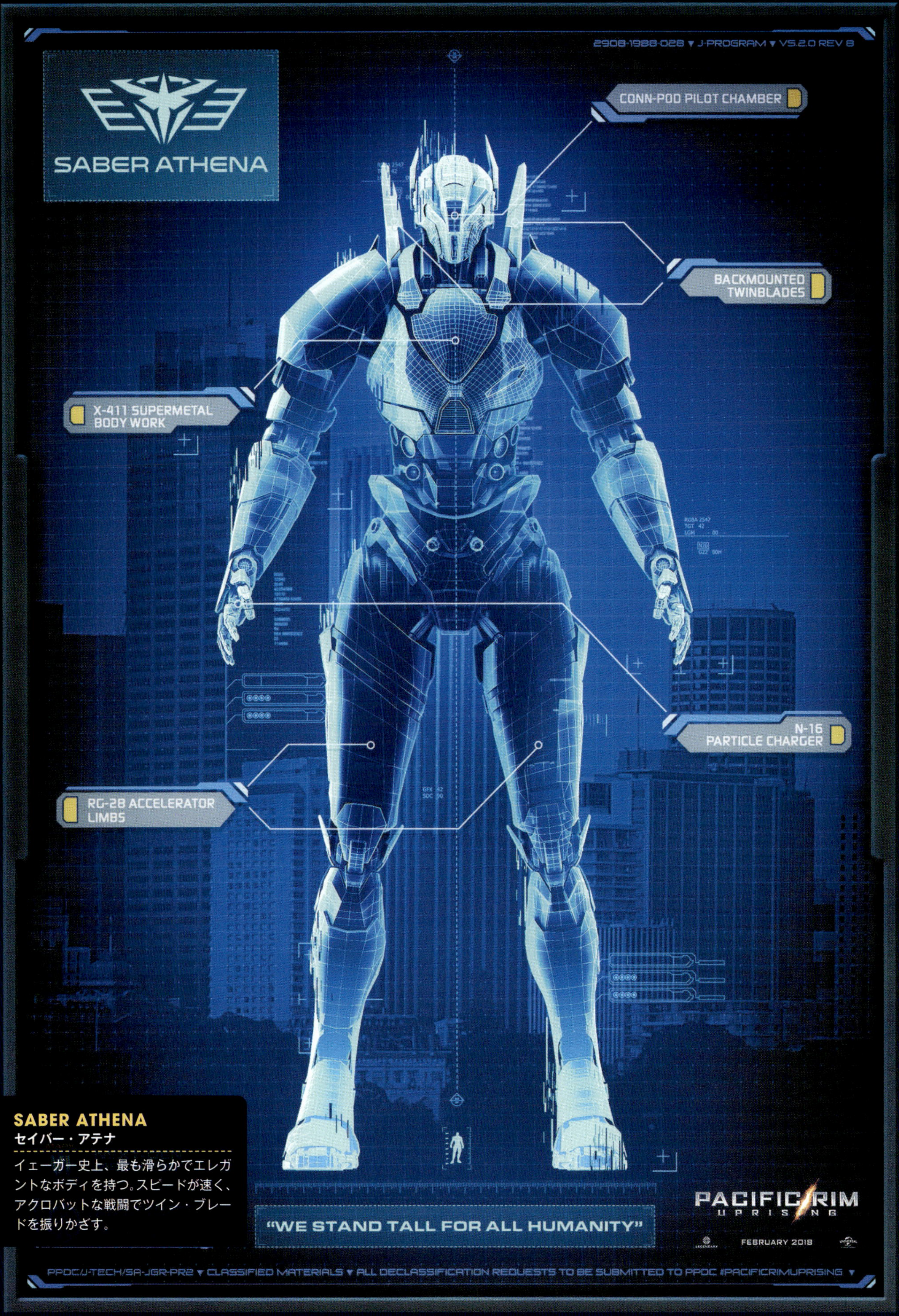

SABER ATHENA
セイバー・アテナ

イェーガー史上、最も滑らかでエレガントなボディを持つ。スピードが速く、アクロバットな戦闘でツイン・ブレードを振りかざす。

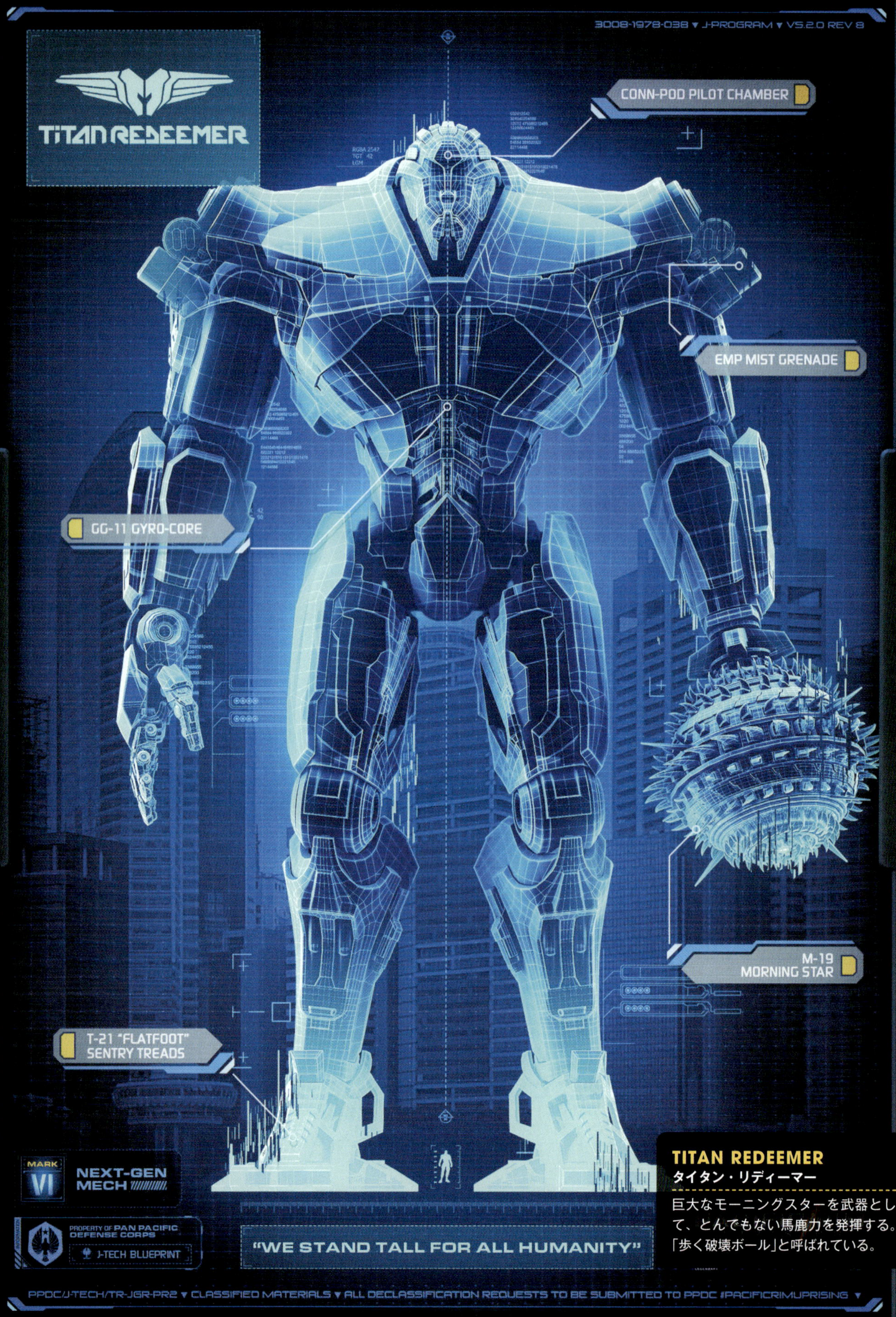

TITAN REDEEMER
タイタン・リディーマー

巨大なモーニングスターを武器として、とんでもない馬鹿力を発揮する。「歩く破壊ボール」と呼ばれている。

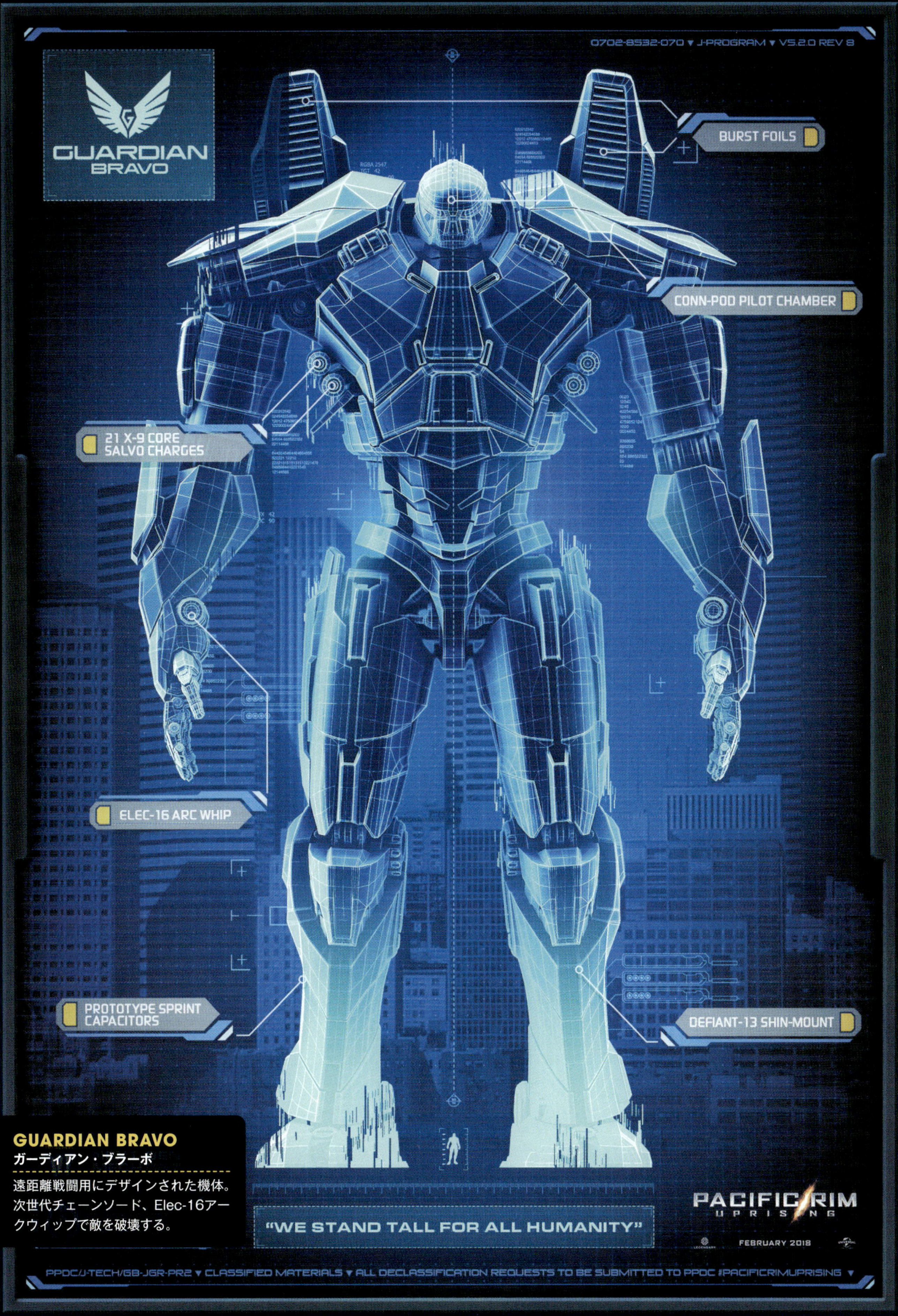

GUARDIAN BRAVO
ガーディアン・ブラーボ

遠距離戦闘用にデザインされた機体。次世代チェーンソード、Elec-16アークウィップで敵を破壊する。

©Photofest / Zeta Image

文＝ガイガン山崎

Trivia 1
KAIJU、その特異なるデザイン

KAIJUの進化&深化は止まらない

『パシフィック・リム』シリーズに登場するKAIJUは、例外なく交渉不可能な存在として描かれている。『シェイプ・オブ・ウォーター』の半魚人やキング・コングのように、人間の女性に心を奪われたりすることはない……まさに敵意と破壊の化身なのだ。そこでギレルモ・デル・トロは、第1作目のデザイン作業にあたって、一目で〝生きた兵器〟としての特徴や機能が理解できる形にすることを決めたと語っている。また、日本の怪獣映画の伝統に倣って、着ぐるみとして人間が入れるフォルムであることにもこだわったようだ。ちなみにナイフヘッド、アックスヘッド、スカナーの3体は、制作時間と予算を節約するため、共通のCGIボディを流用しているのだが、こういったことは着ぐるみ怪獣の世界でも頻繁に行われており、そのオマージュという意味合いもあるのだろう。

そして『パシフィック・リム：アップライジング』では、前作のテイストを引き継ぎつつ、まったく新たなイメージを伴った新KAIJUが続々登場する。6本足で這い回るハクジャは、とても着ぐるみでは表現できないスタイルで、裂けた頭からインナーフェイスとでも呼ぶべき第二の顔を覗かせるライジンも、前作では頑なに避けられていた赤色が使用されたデザインだ。しかも最終決戦では、ここにシュライクソーンを加えた3体が合体までしてみせるという。KAIJUの進化&深化は止まらない。

Trivia 2
隠れたルーツ、「マグマ大使」

地球上の生物の特徴を色濃く残したデザイン

「Favorite Kaiju: Godzilla, Baragon, Moguness, Dakoda, Mothra, Baltan Seijin, Pigmon, Ghidora, Gareon, etc（お気に入り怪獣：ゴジラ、バラゴン、モグネス、ダコーダ、モスラ、バルタン星人、ピグモン、キングギドラ、ガレオンなど）」

2015年10月17日、ギレルモ・デル・トロによるツイートだ。年季の入った怪獣ファンならいざしらず、そうでない方々には馴染みのない名前がいくつか並んでいるに違いない。モグネス、ダコーダ、

左からハクジャ、ライジン、シュライクソーン

ガレオン……いずれも「マグマ大使」に登場する怪獣である。

　手塚治虫の同名コミックを原作とする「マグマ大使」は、本邦初のカラーTV特撮ドラマで、海外でも「スペース・ジャイアンツ」のタイトルで放映された。デル・トロのみならず、スティーヴン・S・デナイトも〝死ぬほど好き〟だと公言している作品だ。「パシフィック・リム」との共通点も少なくない。たとえば「マグマ大使」の怪獣たちは、宇宙の悪魔ゴアが送り込む侵略兵器という立ち位置で、ゴジラの流れを汲む東宝怪獣や初期ウルトラ怪獣の多くが、荒ぶる自然の化身＝野生動物の一種であったことと対照的なのだが、ここにKAIJUのルーツを見出すことも可能だろう。地球上の生物の特徴を色濃く残したデザインという点も共通している。

Trivia 3

怪獣をKAIJUたらしめるもの

人体の構造に縛られたシルエット

　海外のマニアは、日本の「怪獣」を自国の「GIGANT MONSTER」と区別して、きちんと「KAIJU」と呼ぶ。もちろん、『パシフィック・リム』が公開される以前からだ。その理由は多々あるが、まず第一にフォルムの違いが挙げられるだろう。ストップモーション・アニメやCGIで表現される向こうのモンスターは、着ぐるみ怪獣のように人型であることに縛られず、生物的なリアリティを追求することができた。裏を返せば、怪獣は生物学に囚われることなく、自由な発想で生み出されていったともいえる。

　初代ウルトラマンやバルタン星人のデザイナーとして知られる成田亨は、地球上の生物がただ巨大化しただけという発想を嫌い、動く抽象美術とでも呼ぶべき摩訶不思議な怪獣を数多く創造していった。後世の怪獣たちにも、その奇妙なDNAが脈々と受け継がれているのだ。

　『パシフィック・リム』のKAIJUは、ウルトラ怪獣ほど奇抜なものではないが、人体の構造に縛られたシルエットになっている。二種のハリウッド産ゴジラも、人間的なフォルムやパーツが意図的に組み込まれており、怪獣らしさとは人間らしさと言い換えることができるかもしれない。

撮影の舞台裏を紹介する

Behind the scene

前作の興奮を引き継いだ『パシフィック・リム：アップライジング』。新しいスケールで巨大ロボットとKAIJUの戦いを見せたスタッフたちに本作の製作の秘話を語っていただいた。

訳＝はせがわいずみ

プロダクション・デザイナーのシュテファン・デシャントが解説する。イェーガーとKAIJUのデザイン

本作は巨大ロボットが巨大モンスターと戦う映画。それ故に、大がかりなスケールのマシーンが必要だったが、まずはヴィジュアルを前作とどう違えるかを決めることから始まった。

スティーヴン・D・デナイト監督とプロデューサーたちは、前作の視覚効果は素晴らしかったという考えで一致したものの、続編ではかなり違った方向に持っていきたいと考えていた。

本作のプロダクション・デザイナーとして起用されたシュテファン・デシャントは、アート・ディレクターやイラストレーション畑の出身。監督のデナイトと撮影監督のダン・ミンデルは、そんなデシャントの経歴を踏まえて、彼の役割範囲を広げ、作品すべてのヴィジュアルを担当してもらうことにした。デシャントはこう振り返る。

「最初の打ち合わせで、スティーヴンは本作を前作とは別の作品にしたいという旨を伝えてきた。前作のギレルモ・デル・トロの作品をルーツにしながらも、独自のヴィジョンとトーンを持った作品にしたいと伝えてきたんだ」

前作との主な違いをデナイト監督はこう説明する。

「前作では、攻撃されるシーンはほとんどが夜で、雨が降っていた。それはとても雰囲気があった。でも本作では、戦いのシーンは日中にしたかったんだ。そうすることで前作との違いを感じ、街全体を見ることができるし、モンスターの姿もよく見える。ただそれを実現するのはかなり難しい。なぜなら日中の光の下ではごまかしはきかない。でも同時にその可能性に私たち全員、とても興奮したんだ」

映画とそのデザインは前作から10年後の世界という設定を反映する必要があった。デシャントはこう語る。

「前作では、人類はとても遅れていた。本作では、戦後の状況が展開している。お金が動き、PPDC（環太平洋防衛軍）はさまざまなものを結集し、技術を開発している。私たちは世界がどんな風に

なっているかを探ってみたかった。また時間によって周囲の状況が変わっているのを表現したかった。シャッタードームのセットはもっと明るく、オープンな感じにしたかった。前作の色彩を踏襲するのではなく、戦闘シーンの画面も明るいものにしたかったんだ」

デシャントのチームは、前作の痕跡を本作の世界観だけでなく、クリーチャーの中にも残そうとした。アート部門は、最初の8週間をイェーガーとKAIJUのデザインに費やした。イェーガーとKAIJUのデザインで重要な要素は、初期の段階で決められていった。

「イェーガーとKAIJUのアイディアは、ケイル・ボイター（プロデューサー）のものなんだ。彼はイェーガーとKAIJU、それぞれにユニークなものを持たせると話した。それぞれが独自の特徴を持っており、その特徴こそがそれぞれを違わせるものにするってね」とデシャントは説明する。

そうしたアイディアを実現するために、デナイト監督とデシャントは、ILMのアート部門のアーティストのチームにジプシー・アベンジャーとほかのイェーガー、KAIJUをデザインさせた。

絵コンテ作家のダグ・レフラーとデナイト監督は、3つのメインのKAIJUがどんな風になるか、特徴を形づくっていった。その際には、「性格がデザインに反映される」という考えをベースにアプローチをしていった。デシャントはこう説明する。

「例えばセイバー・アセナを見た時、その機体はスピーディで、その速さと剣が特徴だと分かる。KAIJUのシュライク・ソーンは、その名の通り大きなトゲを投げるクリーチャーにした。ストーリー展開とは別にそれらは進化していき、そうしたデザインのアイディアは作品に織り込まれていった」

チームはさまざまな可能性と質問を投げかけていった。デシャントはこう振り返る。

「例えば『戦闘機のようなイェーガーがいたらどうだろう？』とかね。調子に乗ってあれこれ言ったりしたこともあったけど、その過程はイメージを紙に書き、それを吟味し、調整していくというものだった」

デシャントは、本作の監督が自分と同じような考え方の持ち主だったことに感謝した。

「スティーヴン自身、並外れたデザイナーだから、打ち合わせをスケッチのやり取りで始めることができた。映画に登場する様々なものやロボットを彼と一緒に作るプロセスはとても良かったよ」

デナイト監督とデシャントは、イラストレーターたちに劇中の重要なシーンを伝えながら、風景のヴィジュアルやクリーチャーのセットの基本を作っていった。

VFXスーパーヴァイザー、ピーター・チャンが解説する。実写とCGIを組み合わせて生み出した特殊効果シーン

『パシフィック・リム』は、VFX（特殊視覚効果）において、新天地を切り開いた作品だったが故に、本作の基準はすでに最初から非常に高かった。そこで、VFXスーパーヴァイザーとして、ピーター・チャン（『スター・トレック BEYOND』『ボーン・アルティメイタム』）が呼ばれた。プロデューサーのボイターはこう振り返る。「私たちがやりたいことをするためには、素晴らしい直感と情熱を持ったVFXスーパーヴァイザーが必要だった。ピーターに『これまで見たことのあるも

のはやりたくない』と言って、私たちがそれまでに考えていたことを見せた。彼は『数日もらえるかな。あなた方がやっていることがどうできるか、アイディアを練って返事をします』って答えたんだ」

チャンは、撮影監督のミンデルとプロダクション・デザイナーのデシャントがどういう風に仕事を進めているかを知ることが重要だと考えた。チャンは以前、ミンデルと仕事をしたことがあったので、彼はプレート・ショット（俳優の背後などにVFXを入れる場合、俳優なしの背景だけを撮影するショットのこと）を好むのを知っていた。プレート・ショットがあれば、VFXのチームは実際の映像を元に作業できることから、デナイト監督はそのやり方を歓迎した。チャンは説明する。

「私は背景を描く部門の出身だったから、ヘヴィなVFXが大量に盛り込まれるシーンの絵コンテを描き、アクションの動きをたくさんデザインしてスティーヴンに見せた。彼は同意したり、コメントをしたりして、実際に映像化する前の作業につなげていった。ハロン、デイ・フォー・ナイト、ザ・サード・フロアの3社がタッグを組んだチームは、そうした撮影までのプリ・ヴィジュアライゼーション（実際の撮影をする前に、どんな映像になるのかが分かる映像）の様々な部分を担当した。撮影中は、ミンデルや彼のチームと共にプレート・ショットを撮影した。その後、ポスト・プロダクションでコンピュータ・グラフィックスを使って視覚効果のシーンを完成させていったんだ」

イェーガーとKAIJUについては、VFXが中心的役割を果たした。チェンはこう話す。「私たちは、実際に撮影現場でできないことのすべてを担った。特殊効果のチームが用意したニセ物の瓶で誰かの頭を殴るというのは可能だけど、脚本に『80メートルの高さのロボットがビルを粉々にし、車を壊し、巨大なモンスターと戦う』って書いてあったら、それは私のチームが呼ばれるってことなんだ」

チャンはまた、VFXをやってきた者にとって夢の機会だったと打ち明ける。

「第一に、沢山のビルを壊しまくるというのはVFXをやっている者の大好きなこと。それに加えて、大きな怪物が登場する映画は沢山あるけれど、ものすごく巨大なものが暴れる映画というのは滅多にない。そんな作品に関われるというのは素晴らしいことだと実感した」

できるだけリアルにするために、デナイト監督とチャンは、最初に基礎となる現物を使うことにした。チャンが説明する。

「物を使った視覚効果は、私たちにどんな作業が必要かを教えてくれる。どれくらい拡大しなければならないかの手がかりを与えてくれるんだ。例えば12メートルのイェーガー、スクラッパーのシーンがあるとして、アート部門がスクラッパーの脚の一部を作ったとする。それは私たちに素晴らしい手がかりを与えてくれるんだ。本物のロボットがどんな見た目かが分かり、私たちはそれを参考にしてロボットの全身を作りあげることができるんだ」

　チャンのチームは、撮影現場ではレンズの種類やカメラの高さ、焦点距離、照明の状態などの情報を集めた。このデータ収集チームは大人数で編成された。彼らは写真を撮りまくり、セットでもロケ先でもＬＩＤＡＲスキャンを持ち込んだ。チャンはこう話す。

「実写撮影の間、膨大なデータが収集された。それらはポストプロダクションの最中、私たちにとってかけがえのない、ものすごく有益な情報となった。巨大なロボットと怪獣が登場するシーンのＶＦＸで、ダン（撮影監督）が撮影したプレート・ショットと同じように照明を当てることができたからね」

　プレート・ショットはまた、バックアップ手段の役割も持っていた。セリフを変えることになったり、俳優の再撮影が必要になったり、建物のセットを作り直すことになったりした場合、ロケ地に戻っての再撮影を避けることができる。俳優をグリーン・スクリーンやブルー・スクリーンに立たせて撮影してシーンに入れ込めるのを可能にするからだ。

　プレート・ショットの撮影でも、ロケ先の撮影でも、チャンのチームの挑戦となったのは、スケール（大きさ比率）をキープすることだった。

「ジプシー・アベンジャーの横幅は21メートルだから、道を走り抜ける場合、その道は少なくとも５レーンの道幅を持つ必要がある」とチャンは言う。「80メートルの高さのロボットがいるスペースというのを想像してみると、それが走るときのタイミングも考える必要がある。サイズを鑑みてゆっくり動かすのか、それとも素早い動きを求めるのかを考え、調整する苦労があった」

　また、日中のシーンをもっと入れるという希望は、暗闇では可能なごまかしができなくなるという意味を持つものだった。チャンはこう話す。

「映画の舞台は２０３５年。我々は、現代のプレート・ショットに未来っぽいルックスをＣＧで作って加える必要があった。しかも、その追加部分は実際に作られたものも含め、継ぎ目が分からないようにスムーズにしなければいけなかった。奥行きのある場所のシーンでは、その場所の太陽はどんな風にものを照らしていたかという情報が鍵となった。撮影済みのプレート・ショットの中にＣＧを継ぎ目が分からないようにブレンドさせるのに、その情報が大いに役立ったんだ。でもその作業はとても大変だったよ。なにしろ明るい光に照らされている日中だからね。大きなチャレンジだったけど、素晴らしい見た目を与えるものでもあった」

　全部で２０００人で構成されていたＶＦＸのチームは、それぞれ別々の会社で違う時間帯にいて、また異なったスピードで仕事をしていた。チャンはデナイト監督の求めるヴィジョンになるよう、また、それぞれがスムーズに作業が出来るよう調整しなければならなかった。

「すべての作業が前に進むよう、

私はいろいろな役割を常にこなしていなければならなかった。映画作りで最も魅力的なのが、それぞれがそれぞれの経験を生かして、こなした仕事を集結させて1つのゴールに一緒に到達するってこと。2時間の映画は、集まって一緒に仕事をした人たちの努力の結果の賜物で、彼らの統合されたヴィジョンの消印なんだ」

撮影監督のダン・ミンデルが解説する。街の中に巨大なタンカーがあるとイメージして進められた撮影

撮影監督のミンデルは、デナイト監督とデシャント、チャンが濃厚な話し合いで脚本を洗練させていたコンセプト・アートとプリ・ヴィジュアライゼーションの過程（撮影前に簡単な映像を制作する）で合流した。ミンデルが注意していたのは、統合性だった。

「観客が『なんでこれをやったんだ?』と思うことが微塵もないよう、すべてをスムーズにしたかった。映画館で観客がストーリーを追うのを妨げることがないものを作りたかった」とミンデルは話す。デシャントとチャンだけでなく、ミンデルや彼のチームにとっても、登場キャラの巨大なサイズはチャレンジなものだった。ミンデルは「私たちは空中のブルー・スクリーンを撮影することが多かった。そんな本作の撮影のために、特別なアンテナを作ったよ。距離と面積を知る必要があったからね。私たちは、オーストラリアのフォックス・スタジオの一番大きなスタジオでさえも小さいくらいブルース・クリーンから離れてセッティングする必要があったんだ」と話す。

　また、ミンデルはチャンとデシャントのチームだけでなく、衣裳担当のリズ・ウォルフのクルーとも密接な打ち合わせをした。

「初期の段階で、照明部門のチームをアート部門に行かせて、彼らがどんなものを作っているかを頻繁に報告してもらった。そうすることで、我々の照明プランがほかのチームの妨げになるのを防げるからね」とミンデルは説明する。

　今回はCG作業が大量にあった。ミンデルは本作は論理的な考えをベースに作る映画ではなく、「イマジネーションがベースの映画だった」と振り返る。「頭の堅い人

間にとって、巨大ロボットが実際、どれくらいの大きさになるのかを想像するのはとても難しい。だから『コイツは巨大タンカーの大きさで、そいつが道を歩く。夕暮れ時だった場合、周りの環境はどんな風になる？　特殊効果を入れた後、そいつが街を歩くときにはどんな風になる？』って考えなければいけなかった」

プロダクション・デザイナーのシュテファン・デシャントが解説する。美術と撮影と衣裳の担当者が連携して作り上げたセット

デシャントは、彼のチームが作るセットそれぞれに気を配った。カメラやコスチュームのチームと連携し、ヴィジュアル全体のデザインを考えていった。デシャントはこう説明する。

「世界観を作り上げるために、美術と撮影と衣裳の担当者の間で頻繁に打ち合わせを行った。ダンとリズと私は、お互いに質問を投げかけたよ。『リーウェンを背景と区別できるようにするには、どういうセッティングをしたらいいだろうか？』とか、『ニュートンの生活ってどんなだ？』ってね。リズと私は、PPDCのユニフォームが新しいものになっているよう確認したし、セットの統合性が取れているよう細心の注意を払った。ダン（撮影監督）の素晴らしいところの1つに、彼が参加すると、私が考えていたよりもいいセットができるってことだよ」

セット作りにおいてデシャントが最初にするのは、「そのセットは充分にストーリーを語っているか？」と自問自答すること。「第2に考えるのが、『撮影監督をサポートしているか？　撮影監督にとって、ストーリーを語るのに必要なものをすべて揃えているか？』ということ。そして最後に『クルーや出演者にとって使いやすく、また彼らの役に立っているか？』と考える。出入りしやすく、仕事しやすいセット、そして、俳優にインスピレーションを与えるセットを作るよう心がけている。実在するものだと感じられるような空間にしたかった。そうすることで俳優は、監督と共にその瞬間に存在することができ、監督が語るストーリーをクリエイトすることができるからね」とデシャントは話す。

ケイリー・スピーニーにとって、本作のセットはとても良くできているものだった。

「セットに足を踏み入れた時、ものすごく入り組んでいたから、ストーリーの世界観に自然に入ることができた。俳優はそれほど多くの想像をしなくても良かったの。なぜなら、すべてがそこにあったからよ」

デナイト監督は、ラップトップやタブレットなどがハッキリと分かるようにしたかった。しかしアート部門にとって、それは挑戦だった。なぜなら20年後の未来に、それらがどんな見た目になり、どういう機能を持つようになっているかを考えなければいけなかったからだ。小道具担当のスティーヴ・メルトンは、論理的な考えを持っていた。「電子機器を見れば、いつの時代を舞台にした映画かが分かる。電話やタブレットを目にした瞬間、いつの時代の話かが分かる。スティーヴン（監督）は、『何なのかは分かるようにしたいけど、そこから少し発展させたい。タブレットを少し違わせるにはどうしたら良い？』と言うから、我々は、折りたたみの技術が発達したと考えた。PPDC、そして、リーウェンと彼女のチームは、タブレットを折りたたんでポケットに入れ

ることができるようにした。その方向で技術が発達したというアイディアは他の映画では観たことがなかったから、楽しい先読みとなったよ」と話す。

　武器については、この2世紀の間、ほとんど変化をしていないというのにメルトンは気づいた。

「見た目も機能の面も、1800年代の終わりから現代までの間、武器はあまり変わっていない。未来っぽい銃とはどんなだ？　バッテリーで動くもの、または指紋を使って発砲できるものかな？　それらは今のところ、最先端のものと言える。スティーヴンは、銃だと分かるものにしたかったから、使い古した感じの外見はキープした。なぜなら未来の武器は、見た目がオモチャみたいになるからね。金属の外見を持ちながらも、充電状態が分かるライトを加えたりした。銃の見た目は多少違っても、観客が違和感を覚えてしまうほど突飛なものにはしなかったんだ」とメルトンは話す。

　デシャントにとって、制作過程でのセットの建設は、ジャズバンドの即興演奏に似ているものがあったようだ。彼はこう話す。

「あるアイディアをスティーヴンが思いつくと、私に『こんな風になるんだ……』と話す。そして、私は自分の考えも加えて、ダンとリズのところに持っていく。彼らの考えを入れた後、スティーヴンに戻す。マイルス・デイヴスとジョン・コルトレーンの共演のヴィジュアル版って感じだったよ。他の人が演奏するときに楽器を置いてしまうのではなく、彼らとコラボレートする。そうすることで、最初に自分が考えていたよりもいいものが出てくるんだ」

スーパーヒーローのスーツを専門に制作するレガシー社が担当したドライヴ・スーツ

ジェイク、ランバート、パイロット訓練生がイェーガーを操縦する際に着用するドライヴ・スーツは、映画に登場するスーパーヒーローのスーツを専門に制作するレガシー社が担当した。同社はこれまで『スーサイド・スクワッド』『シビル・ウォー／キャプテン・アメリカ』『X-MEN：アポカリプス』などの映画のスーツ制作

を担当してきた。

本作でドライヴ・スーツを着用する俳優は全員、360度の体のフルスキャンをとられ、それぞれの体に合ったカスタム・メイドのスーツが制作された。

ジョン・ボイエガは「ドライヴ・スーツは本当に素晴らしかった」と絶賛する。「レガシー社の仕事は見事だったよ。細かいところまでしっかりと作り込んであると同時に、動き易く、着心地も良かった。パイロットはコックピット内でアクロバットやバレエのような動きをする。スーツは素晴らしい見た目だけでなく、機能的でなければいけなかった」

体にピッタリするようカスタム・メイドで作られたスーツだけに、俳優は油断大敵だった。スピーニーは笑いながらこう話す。

「3人がかりでスーツを着せてもらうの。体にピッタリしているから、太ったらバレバレよ。それに、トイレ休憩も予定を組まないといけなかったのよ！　カッコいい衣裳だけど、準備は大変だった」

パイロット訓練生にとって、実際にスーツを着用することは、リアルな演技を可能にするのに極めて重要な役割を担った。リーヴァイ・ミーデンはこう話す。

「ドライヴ・スーツを初めて着たとき、すべてがしっくりきた。どういう風に動くべきか、どういう風に見えるべきか、何が起きるかが分かった。動きのコーディネーションは複雑だったけど、迷いはなかった。スーツを着てそこに立つだけで、顔が上向きとなり背筋が伸びた。自分は世界が必要としているヒーローなんだって感じるんだ」

カラン・ブラルが付け加える。

「『これから戦いに行く』っていうアドレナリン注射を打たれたような感じになるんだ。着用には3人がかりで、5分はかかるスーツだけど、『これは現実なんだ』って気持ちへの切り替えを簡単にしてくれた」

一方ラハート・アダムスには独自の見解があるようだ。

「子供の時に遊んだスーパーヒーローのTVゲームではスーパーヒーローとプレイヤーの間に距離があった。こうして自分がスーツを着用してKAIJUと戦うことになった今、スーツを着ることは演技をする上で役に立ったよ。外からの力は僕の内面に影響を及ぼすから、スーツのおかげでいい演技ができた。スーツはとてもピッタリしていて、胸や腕が保護されているって感じた。まさに子供の頃の夢が叶った気分だったよ」

『パシフィック・リム』

Pacific Rim

大好きな怪獣映画とメカもの、アニメを合体させる

文＝神武団四郎

09年の『ヘルボーイ／ゴールデン・アーミー』以来4年ぶりに公開された監督作。崩壊寸前の惑星から地球を狙う侵略者プリカーサーが、太平洋の海底に開けた異空間との亀裂から攻めてきた。彼らが送り込んできた怪獣を倒すため、人類は戦闘ロボ〝イェーガー〟を開発。当初は優勢だったイェーガーだが、次々に進化してゆく怪獣に苦戦を強いられる。

幼い頃から大好きな怪獣映画とメカもの、アニメを合体させた本作は、デル・トロにとって念願の企画。監督予定作『ホビット』、ジェームズ・キャメロンと組んだ『狂気の山脈にて』と立て続けに頓挫した後だけに、執念すら感じる作品に仕上げている。

まず異星人が空ではなく海から攻めてくるという発想が面白い。これは『原子怪獣現わる』と『ゴジラ』の2大元祖を筆頭に、多くの巨大怪獣（ビルを軽々破壊するレヴェルを指す）が海から出現しているための設定だろう。ちなみに本作は、前者の特撮を手がけたレイ・ハリーハウゼンと後者の本多猪四郎監督に捧げられている。鉄の意志を持つ司令官の下、最初は不協和音を奏でていたメンバーが、命がけのミッションの中でチームとして結束。自己犠牲的なラストバトルに突き進んでゆく展開は、日本のロボットアニメの定番だ。

怪獣たちのデザインは、実在の生き物をベースにした獣型と想像力を駆使した自由形という、日本の伝統

的なスタイルを踏襲。対するイェーガーは、『鉄人28号』の鉄人や『アルゴ探検隊の大冒険』のタロスがロボット映像の原体験だというデル・トロらしく、無骨でシンプルなシルエットになっている。彼がゴシック・テックと呼ぶ、ウェザリングの徹底ぶりもお見事だ。イェーガー出撃時に格納庫内を移動するのは「サンダーバード」などジェリー・アンダーソンの特撮ドラマ、パイロットが乗る頭部がボディに合体する仕掛けやヘリを使った移送は「マジンガーZ」や「太陽の牙ダグラム」に代表されるロボットアニメを彷彿とさせたりと、全編くまなくデル・トロの〝大好き〟が敷き詰められている。

そのアクションにもこだわりが光る。伝達回路によってパイロットと連動して動くイェーガーは、人間的な振り付けながら、電気的に変換された動きを強調するようにぎこちなく作動。一方の怪獣たちは、体当たりをしたり、引っ掻いたり噛みつくなど激しく動き回っている。デル・トロは彼らに人間的な動きは似合わないと、VFXを担当したILMのジョン・ノールにモーションキャプチャーは使わず手付けによるCGアニメを要望。また市街戦でのメインカットは、ビルのミニチュア映像にCGのイェーガーと怪獣を合成。あえて〝特撮映画〟的な世界観を生み出した。

映画は世界的にヒット。デル・トロは3部作も視野に入れ続編の構想を進めていたが、スケジュール等の関係で続編では製作に回っている。

2013年アメリカ映画／出演＝チャーリー・ハナム、イドリス・エルバ、菊地凛子、チャーリー・デイ、ロブ・カジンスキー、ハーク・ハンセン、芦田愛菜、ロン・パールマン／発売・販売＝ワーナー・ブラザース ホームエンターテイメント／価格＝Blu-ray（¥2,381＋税）、DVD（¥1,429＋税）

『パシフィック・リム』

「これは僕が12歳の頃に夢見た映画だ。それを48歳で作っているんだから、人生は不思議だよね」

文＝斉藤博昭

――まず『パシフィック・リム』の製作が始まったきっかけから教えてください。

「映画の始まりは、（脚本を担当した）トラヴィス・ビーチャムが書いた短い文章だった。それを読んで僕は興奮しまくったよ。これまで巨大なメカと怪獣が一緒に出てくる映画はなかったからね。ウルトラマンやウルトラセブンは巨大だけど、それは必ずしもメカとかロボットじゃない。信じられないほど壮大でパワフルな2つのものが、お互いにぶつかり合う。それって美しくてロマンチックで詩的じゃない？（笑）この作品は絵画のような威厳も出せると思った。それで僕は、トラヴィスと一緒に脚本を書き始めたんだ」

――トラヴィスのアイディアに、すでに怪獣が登場していたのですね。

「そうだよ。資源を搾取するためにエイリアンが怪獣を作り出すというアイディアを気に入ったのさ。エイリアンや怪獣は消費者で、モラルなんて考えない。破壊する目的で襲来するわけで、人類は怪獣と戦うために同じぐらいの大きさのロボットを作る必要に迫られるわけだ」

――ただ、これはテントポール作品（超大作）ですよね。スタジオ側は「怪獣」という言葉を使うことに反対しませんでしたか？

「それはなかったね。僕の過去の作品の中で、最も自由に楽しんで製作できたかもしれない。『パンズ・ラビリンス』でも自由はあったけど、サポートは少なく、とても苦労した。今回はスタジオのサポートも強力なうえに、クリエイティヴの面で完全に自由を与えられた。どう考えてもクレイジーだよね（笑）」

――その自由という点で、3D映像もあなたのアイディアなのですか？

「いや、当初、僕は3Dに消極的だった。なぜなら壮大なバトルシーンを無理矢理3D化することで、ロボットや怪獣がミニチュアのように見えると思ったからだ。その意見に納得したスタジオは3Dに関しても、僕に完全なコントロールを与えてくれた。怪獣やロボットの映像は3Dだが、それほど奥行きは感じさせていない。なぜなら対象物があまりに巨大だからだ」

――そこでもスタジオ側が、あなたの要求に応えたわけですね。

「2Dの映画を3Dにコンバートする場合、通常は15～16週間かかる。でも僕らはその作業に40週間以上使うことをスタジオに要求した。さらに怪獣やロボットが出てくるショットに関しては、（視覚効果スタジオの）ILMで最初から3Dとして作るための予算を出してくれるように頼んだ。完成した映画の45分くらいのショットは、コンバージョンではなく、最初から3Dの映像として作られている」

――怪獣や（人間側のロボットである）イェーガーのデザインコンセプトを教えてください。

「僕は本多猪四郎さんの怪獣映画や

円谷英二さんのＴＶシリーズの大ファンだったから、怪獣の形状を、人間が中に入れるようなものにしかった。スーツアクターの腕や脚が感じられる『伝統』を意識したのさ。イェーガーも、たとえばジプシー・デンジャーは、ジョン・ウェインみたいな西部劇のガンマンだったり、イメージの源は多種多様だよ」

――そのイメージをデザイナーたちが具現化していったのですね。

「僕の家のオフィスにデザイナーたちを集め、デザインの基本を固めた。僕らはまず１００体くらいのイェーガーから始めた。デザインで最も重要な要素はシルエットなので、約１００体で試行錯誤しながら、毎週、採用するイェーガーを選んでいったよ。『アメリカン・アイドル』の審査員のように『これはノーだ』とか言いながらね（笑）。そうやって２ヵ月ぐらいかけて数を絞っていき、決まったのがジプシー・デンジャーなど数体だった」

――あなたがイメージしたデザインと完成形が異なったこともあるわけですね。

「ジプシー・デンジャーの完成型は、僕にはちょっと傲慢に感じる（笑）。テストステロンが多く出過ぎてないかな？　ジプシーはパワーを落ち着いて使うタイプだけど、戦闘意欲が全面に出ているよね」

――日本、オーストラリア、ロシア、中国など各国のイェーガーは、どのように振り分けられたのですか？

「『アメリカン・アイドル』方式で選抜されたイェーガーを『これは、この国』とさらに選別し、材質や全体のスタイルをその国の特徴に合わせて調整した。だいたい４～５ヵ月でデザインを決め、その後、半年近くかけて各国の特徴で磨きをかけたんだ。ちなみにイェーガーという総称は、初期のテクノロジーがドイツで開発されたという設定によるものだ。ひとつ残念なのは、僕の母国であるメキシコ製のイェーガーが登場しないこと。じつはデザインしたんだけど、最終的に外すことになった。続編が作られるなら、ぜひ登場させたいね（笑）」

――デザインを立体のモデルにしていく過程は、それぞれのプロフェッショナルに任せたのですよね。

「もちろんすべてのデザインを僕が監督しているけど、それぞれの怪獣やイェーガーは、特定のデザイナーが担当している。その後、彼らの仕事を入れ替えるんだよ。たとえば、あるデザイナーの原案に基づいて、別のデザイナーが粘土で模型を作る。さらに別のデザイナーが色を塗る……という具合にね。そうすることでデザインに対してのエゴや固執が消える。最終的には、ＩＬＭが全てのメカニズムの問題を解決する。ジョイントがちゃんと動くかどうかなど、メカとしてリアルに見える必要があるからね。僕らが担当するのはアート。そしてＩＬＭがサイエンスを担当するわけだ」

――そのＩＬＭに対して、あなたの要望は独特だったと聞いています。

「とにかく僕は絵画を例に出すことが多かった。たとえば映画に出てくる『水』もひとつのキャラクターにしたかったので、『葛飾北斎の版画で描かれた波のようにしてくれ』とＩＬＭに伝えた。僕は過去の映画ではなく、画家や映画作家の名前を引用してしまうんだ。『ここはダリオ・アルジェントの色遣いで』とか、『マリオ・バーヴァのパープルで』とい

った具合さ（笑）」

――怪獣やイェーガーの大きさを決めたポイントは？

「製作の初期にサイズのチャートを作った。サンフランシスコのゴールデン・ゲート・ブリッジを目安にして、150メートルや30メートルの高さを試し、結局、約75メートルに落ち着いたんだ。その大きさが、橋や飛行機、車や船と並べた時に完璧だったのさ。小さすぎても、大きすぎてもうまくいかない。すべてのバトルシーンや（周囲との）関係において、75メートルがパーフェクトなサイズだった」

――この映画では最初に怪獣がサンフランシスコを攻撃します。レイ・ハリーハウゼンの『水爆と深海の怪獣』へのオマージュですか？

「あのシーンの狙いは、みんなが知っている名所を使って、巨大な爪が車を破壊するのを見せることだった。そしてすぐにその大きさを想像させたかった。もちろんハリーハウゼンの『（日本語で）タコ』は大好きだよ。でも今回、頭足類の怪獣は登場させたくなかった。なぜなら（ホラー作家として有名な）H・P・ラヴクラフトの『クトゥルフ神話』のモンスターに似てしまうからだ」

――怪獣は私たちのオタク心を刺激しますが、そんな怪獣愛はあなたの原点ですよね。

「もちろん！　僕は今までの人生でずっとモンスターを愛してきた。僕のすべての映画は、モンスターへのポエムだ。モンスターたちとは、子供時代からスピリチュアルな部分でつながっていた。とくに映画の中のモンスターは、本当に美しくてゴージャスだよ。子供の時にハリーハウゼンの映画を観ながら、僕は人間と同じぐらい、いや、それ以上にモンスターに惹かれていた。『パシフィック・リム』もお金のためじゃなく、心から好きで作ったんだよ。だから怪獣も（映画には不必要な）内部までデザインしてしまう。腸や心臓、分泌線や脳、肌にいる寄生虫とかをね（笑）。その後に外側をデザインしたんだ」

――本作で人類の敵として出現する怪獣にも、あなたは愛情を注いでいるわけですね。

「僕が生まれたメキシコではレスラーが愛されている。いいレスラーだけでなく、悪役のレスラーも人気だ。どっちが勝つかは問題じゃない。レスラーの対戦が楽しいのさ。怪獣映画の基本も同じ。いい怪獣と悪い怪獣がいたら、いい怪獣を応援するけど、そんな単純な感覚じゃない。僕が言いたいこと、分かるかな？　『ゴジラ対キングギドラ』や『ゴジラ対メカゴジラ』は、メキシコのレスリングの試合と同じなんだ」

――日本の怪獣の中で、あなたが大好きなものを今回、参考にしたりはしませんでしたか？

「あえて直接、参考にしないようにした。もちろん僕は、ピグモンやバルタン星人、パラゴンのような怪獣

が大好きだよ。彼らはクレイジーなデザインなのに、とても美しい。円谷英二さんが作り出した強烈な個性の怪獣を愛している。強いて日本の影響を挙げるなら、怪獣の呼び名かな。今回、いくつか甲殻類のような巨大怪獣をデザインし、そのひとつが巨大ガニだ。これを僕らは『オニババ』と呼ぶことにしたんだ」

——カニの怪獣が、なぜオニババなのですか？

「僕が子供の時に溺愛した日本のホラー映画が2作あって、それが『クロネコ（『藪の中の黒猫』）』と『オニババ（『鬼婆』）』。両方とも新藤兼人さんの作品だ。そこから名前をもらったよ（笑）」

——あなたの中では、怪獣とモンスターの間に明確な違いはあるのでしょうか。

「あるよ。僕にとって日本の怪獣は、他のどんな文化の巨大モンスターとも違うタイプを意味している。日本では怪獣や妖怪が文化に深く根付いている。西洋ではモンスターは悪者だけど、日本では違う。ゴジラを愛したり、ガメラを愛したりすることができる。美しいものとしてオープンにモンスターを好きになれるところは、メキシコ人の僕の感覚に近いのさ。怪獣はあまりに巨大で、地震やハリケーンや竜巻のような自然の脅威に似ている。とてもパワフルで、善悪やモラルを超えた存在なんじゃないかな。よい竜巻や悪い竜巻とか、よい地震や悪い地震とか言えないように、怪獣はひたすら美しく、とてもパワフルなんだ」

——日本へのオマージュということで、ジプシー・デンジャーは鉄人28号を彷彿とさせます。

「僕は昔から『鉄人28号』が大好きで、ロボットをコントロールすることが夢だった。子供の時に高熱でうなされると、夢の中で鉄人がカメラに向かって飛んでくる。そこで僕は目が覚めるんだ（笑）。それくらい鉄人28号は、人生に重要な存在で、僕の肉体に染み付いている。『これは鉄人の引用』という直接的な表現は避けようとしたけど、鉄人が腕や脚を失い、体の中を開けて修理するのと似たシーンが、たしかに『パシフィック・リム』にも出てくるね」

——『鉄腕アトム』や『エヴァンゲリオン』の影響も感じます。

「『鉄腕アトム』は大好き。手塚治虫さんの全作品は僕にとって重要だからね。『ジャングル大帝』や『リボンの騎士』は、悲劇の部分もあるけれど美しい作品だ。ただ『鉄腕アトム』は『ピノキオ』に近いと思う。寓話の要素が強いから、今回は影響を受けていない。『エヴァンゲリオン』もじつは見たことはないんだ。デザインを知っている程度かな。それよりも、『機動警察パトレイバー』からの影響が大きいかもしれない」

——『パトレイバー』からの影響を、具体的に教えてください。

「押井守さんの『パトレイバー』は、リアルな戦術的感覚をもたしてくれ

た。その感覚を僕も『パシフィック・リム』でやりたかったのさ。『パトレイバー』は何度も観ているから、頭の中で再現しながら見本にしたよ。あとは1960年代の『サンダーバード』など、ジェリー・アンダーソンが製作したイギリスのTVシリーズからの影響も大きいね」

——日本の要素という点では、日本人キャストの出演も話題です。怪獣やロボットの世界を芦田愛菜さん（撮影当時8歳）にどのように説明したのでしょう。

「僕は子役を演出するとき、大人と同じように接する。子供に対してではなく、役者として話をするんだ。もし相手がいい役者だったら、8歳でも20歳でも30歳でも関係ない。もちろん通訳を通してだけど、『これがここにいると想像して』と説明すると、愛菜は見事に応えてくれた。1分くらい続くシーンで、彼女はとても怖がり、監督の僕でさえ叫んだり泣いたりしているのを見て、とても気分が滅入ったよ。でも『カット』をかけた瞬間、彼女は『あぁっ』とか言って完全に素に戻る。だから僕も『じゃあ、もう1回やってみよう』と言える。愛菜は真面目なうえに、とても心が素直な子供だよ」

——俳優としてプロフェッナルだったわけですね。

「家族が彼女をサポートするために現場にいたこともあって、プロフェッショナルとして完璧に仕事をこなしていた。時間通りに現場に来て、自分が何をすべきか把握する。彼女は僕が仕事をした最高の役者の1人だね」

——日本人キャストでは菊地凛子さんも主要な役で参加しています。

「凛子は本当に素晴らしかった。イェーガーをコントロールする場面で、彼女は背中がマシンにつながれるのだが、マシンは50キロ近い重さだ。その状態で一日中、格闘しなければいけない。チャーリー・ハナムやイドリス・エルバといった大きな体をした男たちでさえ、『あああ』とうめいたり、『もうこれ以上やれない！』と文句を言うなか、凛子だけは一度も不平をもらさなかった。僕が『大丈夫？（マシンから）降りてきたい？』と聞いても、『いいえ』と答える。『水が欲しい？』と気づかっても、『いいえ』だ。完璧にプロフェッショナルだったよ。彼女はこうした自制心を撮影現場に持ち込んでくれたうえに、自然な感情を役に与えてくれた。そして凛子は美しいけれど、よそよそしさはなく、とても親しみやすい。僕はSF映画でよく見られるアクション女優ではなく、感情を表現してくれる本物の女優が欲しかった。リアルに感じられない女優はキャストしたくなかったので、凛子に参加してもらって大正解だったね」

——この『パシフィック・リム』の後に、日本のアニメや漫画で実写化したい作品はありますか？

「たくさんあるよ。じつは今、浦沢直樹さんの『MONSTER』の実写化に取り組んでいる。ケーブルTVのHBOで、シリーズ化を考えているんだ。僕らが真剣だということを浦沢さんに納得してもらうまで、4年もかかった。日本では浦沢さんのようなクリエイターはとても尊敬されている。アメリカに（彼らの）作品を持ってくるとなると、非常に不安を与えることにもなる。だから僕は浦沢さんに対し、自分が本当にファンであるという姿勢を崩さず、あらゆる面で保証を取り付けた」

——浦沢さんには直接、会ったのですか？

「いや、電話と手紙でやりとりしている。東京に行ったら、会おうと思っているけどね。他に興味があるのは『童夢』と『GANTZ』だ。この2作はぜひ実写化してみたい」

——実現しそうですか？

「『童夢』はしばらくの間、映画化をトライしていたが、（原作者の）大友克洋さんとスタジオ側の条件が折

り合わなかった。でもそのやりとりをきっかけに、僕と大友さんは友達になったよ。あと、すでに多くが（映画やアニメとして）映像化されているが、日本のホラー漫画に興味がある。伊藤潤二さんの『うずまき』や『ギョ』なんかは僕の心をそそりまくるんだ。彼は日本の漫画界のスティーヴン・キングだよ（笑）。楳図かずおさんの『漂流教室』も素晴らしい。僕が映画化したいかどうかは別にして、作品としてシンプルに愛しているんだ」

――日本の漫画を英語で読んでいるのですか？

「英語版があればね。でも日本で買った漫画は、眺めるだけだよ（笑）。『これはいったいなんだ？』って不思議に思いながらね」

――日本に住みたいと発言しましたが、そういったカルチャーと接していたいからでしょうか。

「日本にはぜひ何年か住んでみたい。僕が尊敬している作家の1人は、ラフカディオ・ハーン（小泉八雲）なんだ。日本文化に敬意と愛情をもって接した彼を、僕は心から尊敬している。その結果、彼は日本の文化からも愛されることになった。彼は日本の物語の伝道師であり、親善大使だね。『怪談』など、僕は彼の本はすべて持っている。日本にある彼のお墓をぜひ訪ねたいんだ。僕は自分の娘にも、多くの日本の神話や昔話を教えているよ。その影響で彼女は今、キツネの物語を書いている。昔話のキツネには尻尾が9本あったりするけど、彼女の物語に出てくるのは、尻尾が1本の幼いキツネだ」

――家族と一緒に日本で暮らせたら、最高ですね。

「できることならね。２０１５年以降にトライしたいけど、簡単にはいかないだろう」

――ここまで日本の文化が好きになった、最初のきっかけは？

「さっきも話したように『鉄人28号』など、多くの日本のTVドラマのおかげだね。おそらく僕は、60～70年代に日本の子供たちが夢中になったドラマのうち、70％くらいは観ているんじゃないかな？　時期は少し遅れたけど、メキシコでもたくさん放映されていたんだ。（声をまねて）『アハハハ』と笑う『黄金バット』や、怪獣や悪役のゴアも大好きだった『マグマ大使』、そして怪獣は出てこないけど『コメットさん』なんかにも夢中になった（笑）」

――そんな少年時代の思いが、『パシフィック・リム』に刻印されているのですね。

「そうかもしれない。これは僕が12歳の頃に夢見た映画だ。それを48歳で作っているんだから、人生は不思議だよね」

――では最後に、夢がかなった喜びを表現してください。

「映画を作りながら、これほど美しい時間を過ごしたのは初めてだ。僕の人生の中で最もハッピーな出来事のひとつだよ。アリガトウ！」

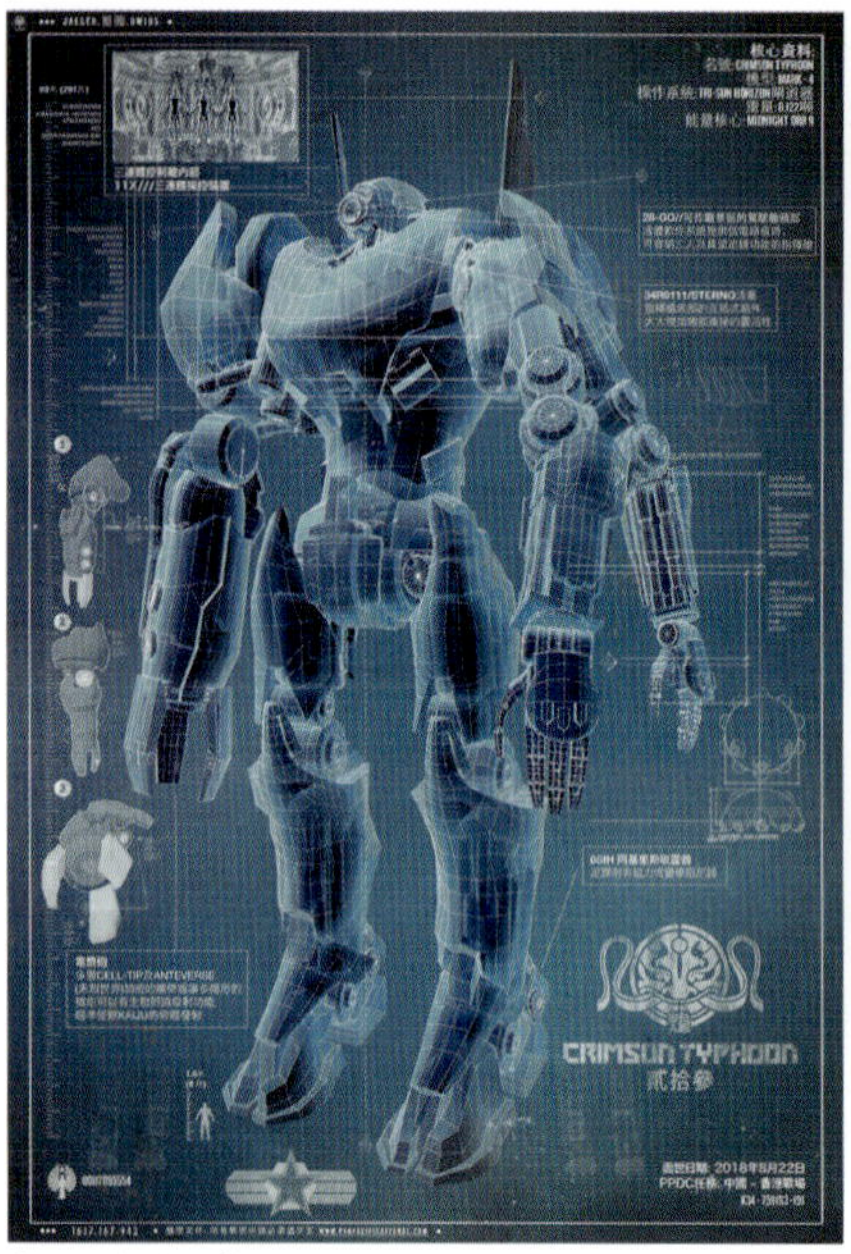

中国のクリムゾン・タイフーン

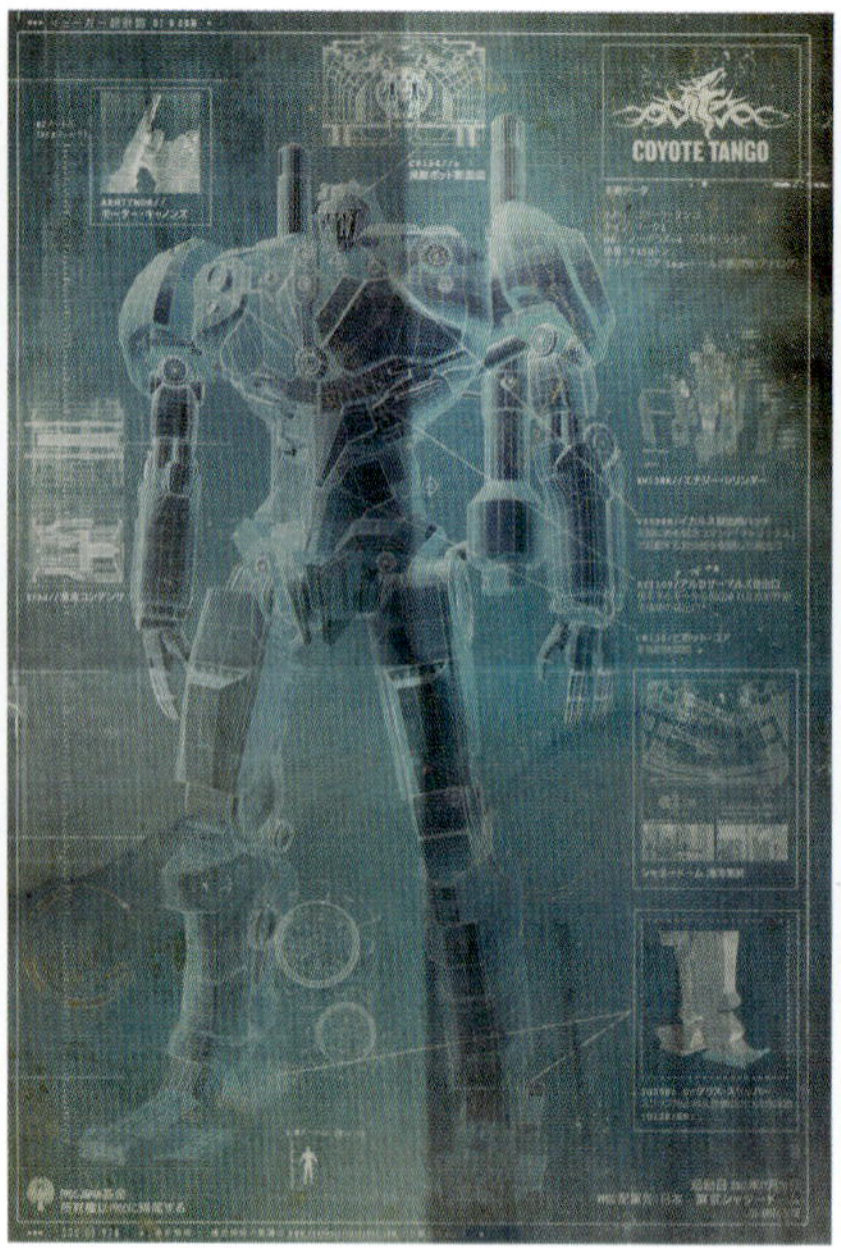

コヨーテ・タンゴ

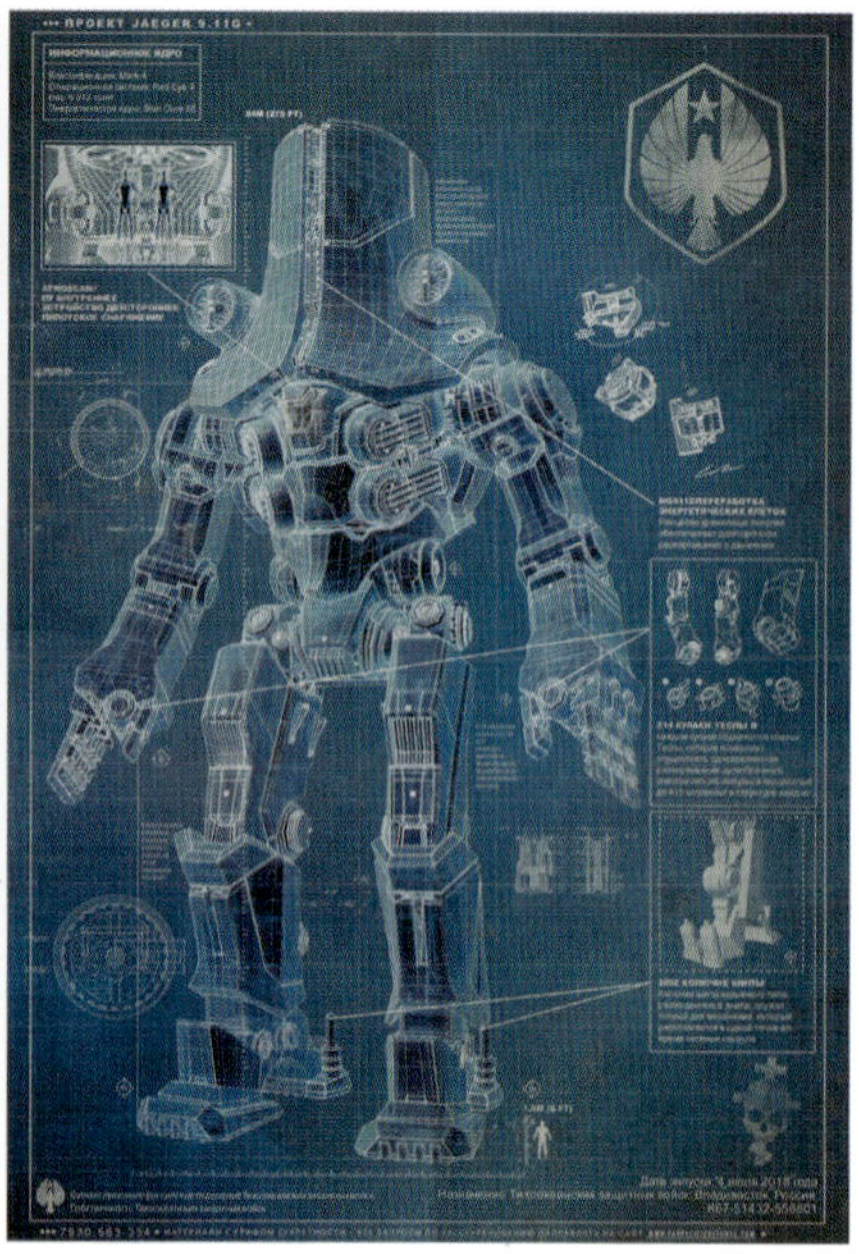
ロシアのチェルノ・アルファ

VFX美術監督・絵コンテ&コンセプトアーティスト

アレックス・イェーガー

「時々『ゴジラ対キングギドラ』をチェックしたかな……」

文=はせがわいずみ

絵コンテで僕らがギレルモ（・デル・トロ）監督に提案したのは、ジャンプジェットでイェーガーが街の上空を飛び、着陸して、ロケットパワーのパンチを怪獣に食らわせるというシーンだった。ジャンプジェットについては「コイツらは飛ばないから」という反応だったけど、「ロケットパンチは気に入ったよ」って言われた。そこで、ロケットパンチを使ったアクションを彼に提案して、怪獣と取っ組み合いをするイェーガーがロケットパンチを繰り出し、怪獣がビルにめり込むというのを作った。そうして、サンフランシスコのダウンタウンでのシーンのテスト映像をギレルモに見せたら、とても感心してくれたんだ。

その映像は、僕らが本作のVFXでギレルモのクリエイティヴなパートナーになることを約束しただけでなく、彼が作品のテイストや方向性を映画会社の重役たちに伝えるのにも役立ったんだ。

その後、映画のスケールや方向性を決めていったんだけど、いくつかのデザインはギレルモが持ち込んできたものを基にした。ギレルモが持ち込んできたのは、イェーガーと怪獣の見た目を描いたイラスト画で、それぞれ1枚だけというのがほとんどだった。対比となる人間が横に立って描かれていたから、どれくらいの大きさかが分かるようになっていた。そうして僕らは、最初にジプシー・デンジャーの肩に高さ6フィート（約183センチ）の人間のフィギアが乗っかっているものからスタートして、どのくらいの大きさのものかがみんなが理解できるようにした。ヤツらは24フィート（約7メートル）のトランスフォーマーではなく、歩く高層ビルや第二次世界大戦の戦艦みたいな大きさだからね。その後、細かいところを部分毎に詰めていった。

旧型のイェーガーは、システムも昔の技術が残されていて、ボルトなどの部品も機体にそのまま残っているのが分かる。ストーリーが進む中でそれがどういう役割を持つかが明かされるんだ。

ストライカー・エウレカは、新しい型のイェーガー。大きなプレートとモダンなシステムが採用されている。人間の体のグラフィックとかそういうのがいたるところに使われて、モダンさを強調している。

ストライカー・エウレカの手のイラストは、とても細かいところまで描いてあったから、世紀末をキャンセルする有名なスピーチのシーンのセットを作るのに使った。実は、俳優が簡単に上に立てるように、実際のサイズより半分近く小さくしたけどね（笑）。

ロシアのチェルノ・アルファの脚のイラストは、とてもごつくて重量感のあるものだった。ギレルモがとても気に入っていて、変更をしたくないと言っていたから、外見やイメージを変えることなく、技術的に可能なものになるよう、また、アニメーションでうまく動くようにデザインしていった。

ジプシー・デンジャーが腕を頭の上に上げているイラストもあった。頭と腕にそれほどスペースがないのが分かったから、そういうロボットにするには技術的にどういうものが必要かをリサーチし、現実に沿った作りになるようデザインしていったよ。

ジプシー・デンジャーは、以前の戦闘で得た傷も残っていて、左腕は交換されているんだけど、新型の腕ではなく、旧型モデルの腕を付けられている。それについてのエピソードがあるのを臭わせている。この腕だけ色やグラフィックが微妙に違っているんだけど、ほとんどの人は気づかないだろうね（笑）。


新しい世代のイェーガー、中国のクリムゾン・タイフーンは、合金でできているという設定。チタン合金製だから、ほかのイェーガーと違う製造過程で作られたロボットなんだ。外見もずいぶん違う。

ギレルモは、パシフィック・リムの世界観として「すべてのデザインをたった1人がしたという風にはしない」という考えが強くあった。都市のデザインがたった1人で成されないようにね。だから、それぞれの都市の違いを建物と照明で表現していった。ほとんどの戦闘は夜で、雨が降っているから、どれが誰というのが分かるようにしなければいけないという挑戦もあったよ。

パイロットが入った後のジプシー・デンジャーの頭部の画像は、そこから光がどう漏れているかなどが分かるように作った。

イェーガーが保管されているシャッタードームの画像で、ジプシー・デンジャーにパイロットが乗り込む際の頭部と胴体がどういう位置関係になっているかも分かるようにした。

シャッタードームは、それぞれの照明や光の色をギレルモと詰めていった。黄色や青や緑など、様々な色と明るさの違う光が差している場所になっていて、次の攻撃までのカウントダウンの時計やイェーガーをプラットフォームに移動させるクレーンもある。細かいところもいろいろと作り上げていったよ。単色でCGな感じではなく、それらが実際にあるように感じるようにしたかったんだ。

映画のもう1人のキャラクターと言えるのが雨。いろいろなシーンで雨が降り続けている。本作の照明の色はとてもユニークだよ。香港のシーンでは光源にネオンを使った。カラフルな光の反射が雨に濡れたイェーガーの機体や怪獣の体に映っている。

こうした映像は、グラフィックノヴェルの雰囲気も残しつつ、リアリティを持つものになるようにした。ギレルモは、すべてをオペラや舞台劇のようにしたかったんだ。

ギレルモからは、とりわけ参考作品のタイトルなどは聞かされなかったよ。ほとんどが実際にあるものを参考にしたけど、時々『ゴジラ対キングギドラ』をチェックしたかな……。ILMで働いて18年になるけど、本作が一番好きな作品。ジャンルもだけど、活躍するロボットが僕の名字と同じだからね（笑）。

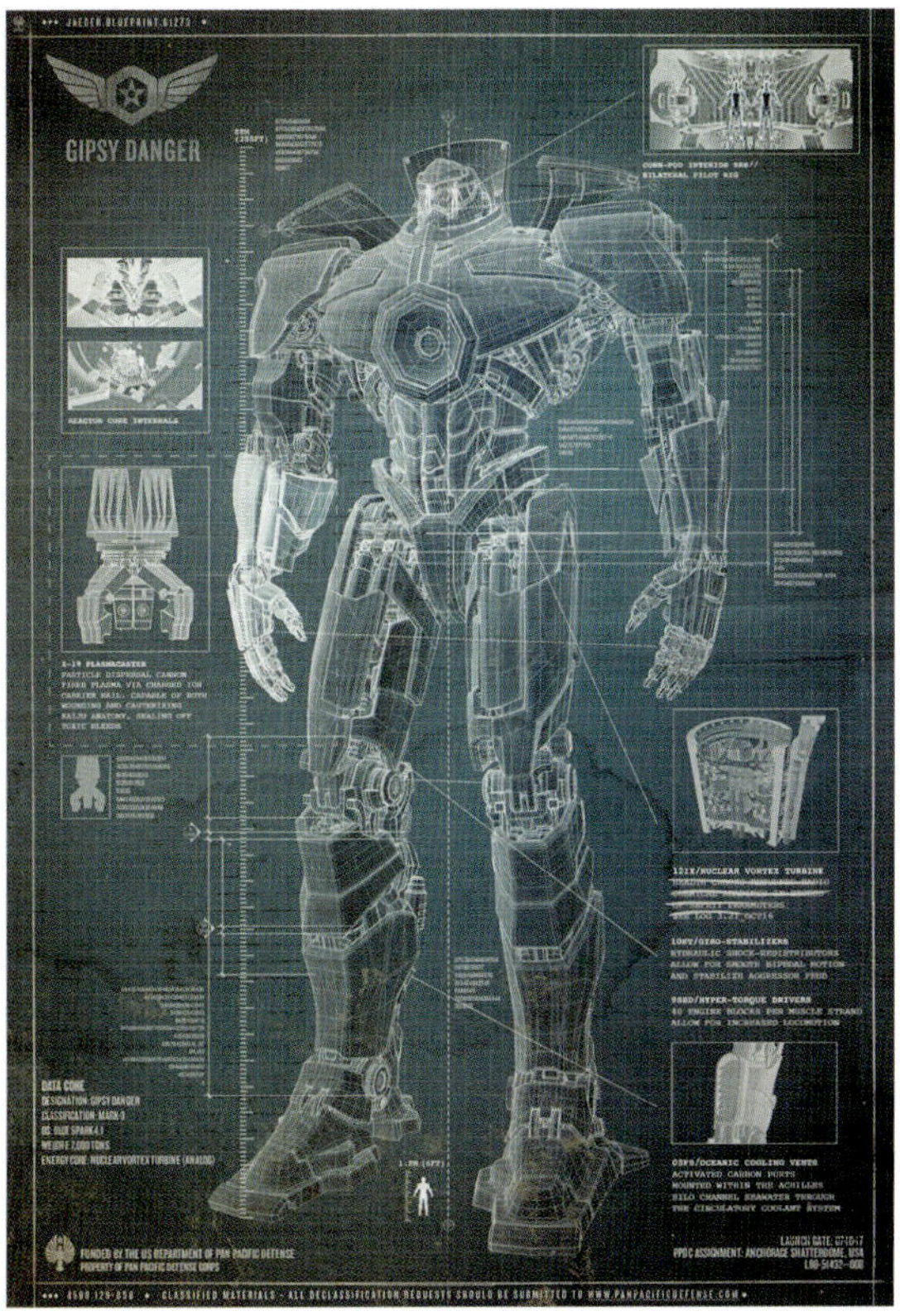

ジプシー・デンジャー

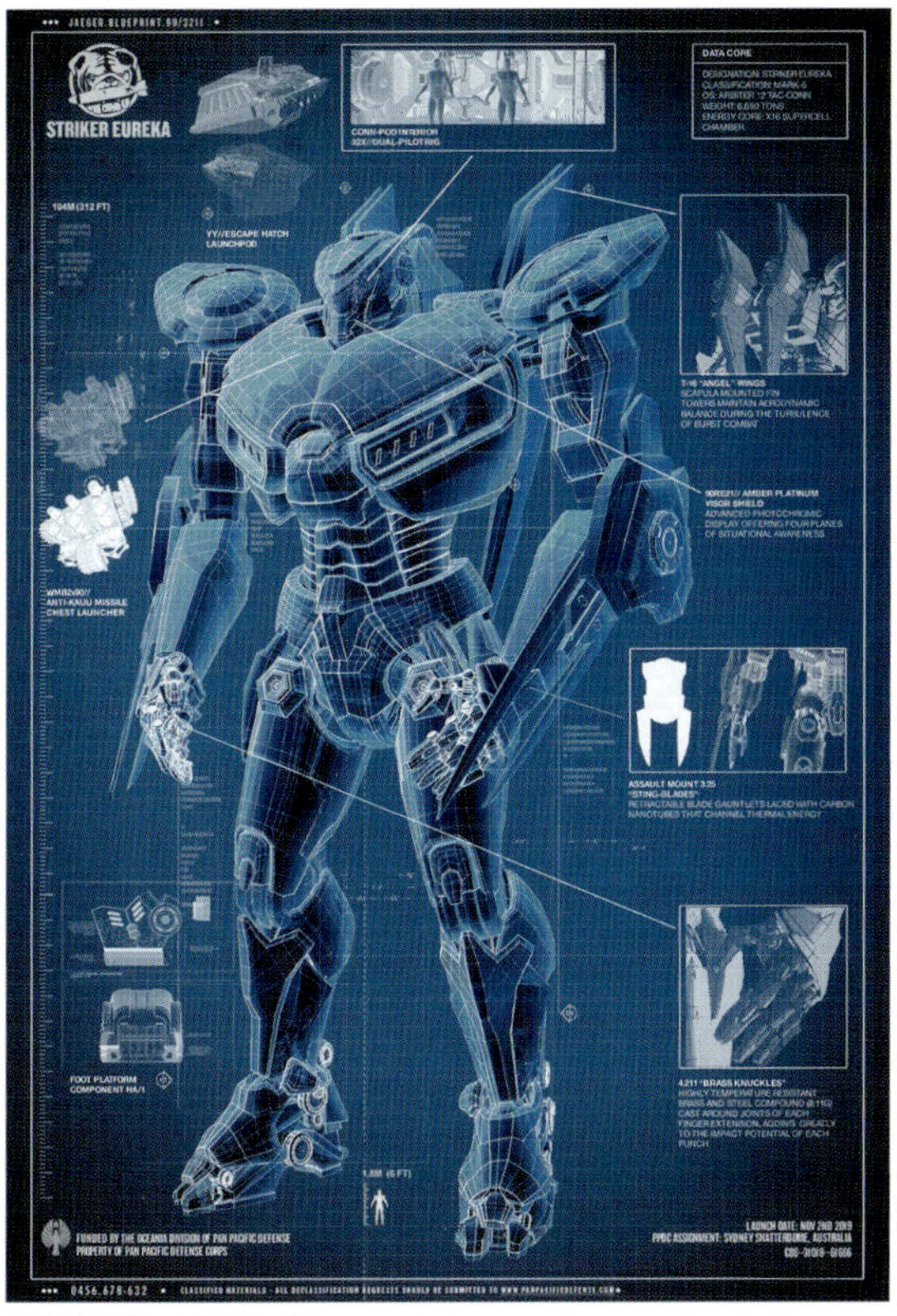

ストライカー・エウレカ

アニメーション・スーパーヴァイザー

ハル・ヒッケル

「僕の仕事の大部分を占めるのが、比率の正しいものを選ぶことなんだ」

文=はせがわいずみ

監督には大きく分けて2つのタイプがいる。クリアなヴィジョンを持っているけどコラボレーションが苦手なタイプと、明確なヴィジョンはないけどすごくコラボレーションするタイプ。ギレルモ（デル・トロ）の凄いところは、両方のいいとこ取りで、クリアなヴィジョンを持っているけれど、僕らがアイディアを出してくるのを楽しみにしてくれるところだよ。

アニメーション・スーパーヴァイザーとしての僕の仕事の大部分を占めるのが、比率の正しいものを選ぶことなんだ。恐竜の映画なら、動物園に行っていろいろな動物の写真を撮って恐竜を作り、その世界を感じることができる。でも、本作は250フィート（約76メートル）の高さのものが動くから、参考にするものがこの世界にはない。創造力を駆使することになる。ただ、あれだけ大きいから、動きはきっとスローだろうと考えるけど、問題はそれらが登場するのが戦闘シーンだってことだよ。イェーガーが怪獣と戦うシーンをすべてスローモーションにすることはできないし、殴り合いだけになってもダメだ。でも、あまりにも早く動いては、背景が素晴らしくリアルなだけに、イェーガーと怪獣が浮いてしまう。また、怪獣がゆっくりでイェーガーが早すぎでもおかしい。瓦礫の落下も科学的に計算した速度で落ちるようにしながらも、見た目がかっこよくなるように作っているから、そんな中で怪獣とイェーガーが素早く動いたらうまくいかない。そうした制限がある中、早く、でも早すぎない動きにしなければならない……。そこで、僕らはあるアイディアを思いついたんだ。

ジプシー・デンジャーが怪獣をパンチするシーンで、最初にコンポッドの中にいる俳優が演じるローリーとヤンシーが映る。彼らがパンチをし、カットが変わって引きの画面（ワイド・ショット）になり、スローモーションっぽくなって、ジプシー・デンジャーが腕を振り上げてパンチを繰り出すショットになるんだけど、その時、ジプシー・デンジャーの腕のスピードは最速になる。このシーンで、僕らは絵コンテにはない新しいショットを入れてギレルモに提案した。「拳カメラ・ショット」と僕らが命名したそのショットは、イェーガーの腕にカメラをくっつけて撮影したような映像で、観客が怪獣の頭にすごいスピードで向かうような気分を味わえるもの。ワイド・ショットではスローに見えても、拳は時速120マイル（約193キロ）のスピードで動いているワケだから、このショットを入れることで、エキサイティングな感じをキープできる。編集のトリックで時間を短縮することはできるけど、パンチのスタートで、ワイド・ショットから拳カメラ・ショットの後、打撃を受けたショットにする方がドラマティックだし、インパクトのエネルギーも感じられ

る。最初に言ったようにギレルモは聞く耳を持っている。しかも彼がすごいのは、リズムも大事だって知っていることだよ。

イェーガーと怪獣の違いは、一目瞭然。怪獣は生物だけど、イェーガーは機械だ。そこで、イェーガーの動きと撮影アングルを決めるためのアニメーションを作って、ギレルモに見せた。いくつかのアングルからのショットは彼に気に入られて、実際に映画で使われた。でも、動きは「スムーズ過ぎる。ロボットのコスチュームを着ている人間っぽい」って言われた。実は、それこそがモーションキャプチャーを使わなかった理由でもあるんだ。彼はイェーガーの動きにメカな感じを求めていた。かと言って、あまりにもロボット過ぎる動きにもしたくなかった。行き過ぎな感じがするからね。怪獣とガチで戦うんだから、フレキシブルな動きが出来るのも重要だった。小さな部品がそれぞれ作用し合っているような動きにした。腕の振り方も、振った後、止めるのに少し溜めがあって振り戻るという動きにした。メカな感じだけでなく、大きさも感じられるようにした。この「動きを作る」のに時間を随分費やしたよ。

それとギレルモの「甲冑の下に複雑なマシンが動いているのを観客が感じるようにしたい」という希望を叶えるために、部分部分でパーツがそれぞれ動くよう、パーツのアニメーションも作成した。例えば、ジプシー・デンジャーがケガをして首を後ろにのけぞらせるシーンがあるんだけど、ギレルモが「人間の首のように、筋のようなもの、動かしているものが見えるようにしたい」ということで、ピストンなんかを入れたんだ。怪獣は生物だから、皮の伸び縮みで結構ごまかせるんだけど、メカはきちんと設計しないとかみ合わない。ピストンやシャフトなど、それぞれをきちんと機能させないと動く度に壊れてしまう。腕を上げたり下げたりする動きも、それぞれ中のメカがちゃんと機能するように作ったんだ。

ジプシー・デンジャーはガンマンなイメージ。彼女はプラズマキャノンを持っていて撃ち込むことができる。ローリーのカーボーイっぽいキャラにフィットしている。ちなみに、イェーガーを「彼女」(She)と表現するのは、船と一緒だよ。

ストライカー・エウレカは、フットボールのチームのキャプテンって感じ。最新型で動きも速くてスポーツ選手のようなイェーガー。デザインもスタイルも他とは違うし、動きも戦い方も違う。

クリムゾン・タイフーンは、ギミックな装備がたくさんあるイェーガー。

チェルノ・アルファはロシアのイェーガーで、僕の一番のお気に入り。一番古くて、一番動きが鈍いけど、一番パワフル。怪獣との戦いも熊のレスリングみたいに見える(笑)。ちょっと間抜けなデザインだけど、それがとても好きなんだ。

キャラクターのデザインが終わってから出てきたものもあって、どうやったらそれがしっくりくるか考えたりしたよ。ただ、本作は映画『トランスフォーマー』じゃないから、そういうのは避けるって意見で一致したんだ。

デジタル・クリーチャー・モデル・スーパーヴァイザー

ポール・ジアコッポ

「ギレルモの一番のお気に入りはオニババだそうだよ」

文＝はせがわいずみ

映画に登場する生物のモデル（模型）制作を担当したんだけど、本作はまるで、クリスマスのプレゼントって感じの仕事だったよ。登場するクリーチャーはすべてパワフルで、それぞれユニークだったからね。

ギレルモ（・デル・トロ）は、「怪獣はキャラクターだから、それぞれに個性と特徴を持たせる」という考えを持っていたから、僕らはその考えに沿って怪獣を作っていった。

ナイフヘッドは、ナイフのような頭を持っていて、イェーガーの装甲を破ることができる。

レザーバックは最もパワフルな怪獣の1匹で、ギレルモのお気に入りの怪獣の1匹でもあるんだ。ゴリラを参考にしていて、爬虫類のような甲殻と爪を持っている。この怪獣は、強力な電磁衝撃波を発射することができ、それはイェーガーのシステムを完全に停止させてしまうんだ。

オニババは、初期の段階の怪獣で、フラッシュバックのシーンで登場する怪獣だよ。市街地を破壊するようにデザインされており、体にイガイガがあるんだ。

オオタチは、ものすごく俊敏で攻撃的で狡猾な、これぞ怪獣というような怪獣。口のような機能を持つ尻尾からも攻撃を仕掛けてくる。ほかにも驚きの機能を持っているけど、それはしゃべるなと言われているから話せない（笑）。（筆者注：このインタヴューは公開当時の2週間前のもの）

ライジュウは、凄いスピードで泳ぎ、素早い攻撃を仕掛けてくる。また、頭が真っ2つに割れてもう1つの頭が中にある怪獣だよ。

サンフランシスコ（アックスヘッド）は、映画の冒頭でサンフランシスコに出現した怪獣。最初の頃は、攻撃した都市名を怪獣に命名していたんだ。金門橋を壊すようデザインされていて、斧のような頭を持っている。

シドニー（ブレードヘッド）は、頭部が刃みたいな形になっている怪獣。怪獣の侵入を防ぐために作った巨大な壁も難なく壊してしまう。

スカナーは……、ある言語によってはあまりいい言葉ではないらしいね（笑）、闘牛の牛のような怪獣で大きくて力強い角を持っている。

怪獣は1から5までのカテゴリーに分けられている。映画に登場するのは、ほとんどがカテゴリー3や4なんだけど、スラターンは、映画の最後に登場する怪獣で、唯一のカテゴリー5。ものすごく大きい。他の怪獣は体長が200フィート（約60メートル）から300フィート（約91メートル）くらいの大きさなんだけど、コイツは900フィート（約274メートル）近い大きさで、『スター・トレック』シリーズの最初のエンタープライズ号と同じくらいの大きさなんだ。とにかくでかい。

映画には怪獣パラサイトも登場するよ。犬のチワワくらいの大きさで、怪獣に寄生している生物。寄生虫の

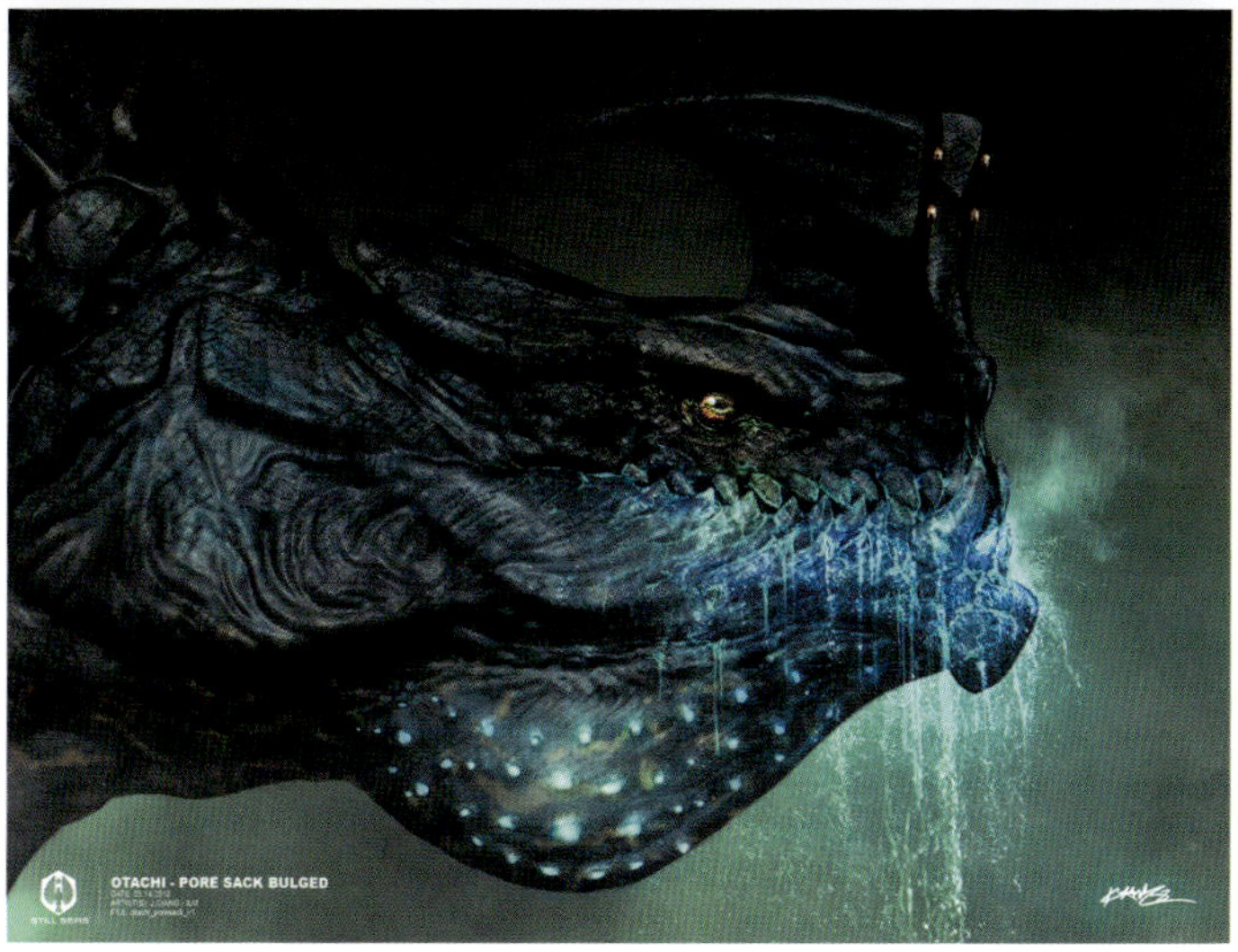

大きさからも怪獣がどのくらい巨大かが分かるよね。

映画の中で、怪獣を爆破させたり、切ったりするシーンがあるから、それぞれの詳細の絵を作って決めていった。怪獣は、粘土ではなく、コンピュータ上でモデルを作っていった。コンピュータ上でもモデルを360度回転させることができるから、全体が分かるようになっているんだ。

粘土を削ったり付けたりするように、スタイラスペンやマウスなどで、カーブを作ったり、小さくしたり大きくしたり、細くしたり太くしたりできる。まるでコンピュータのオモチャだよ。そうして、作りたい怪獣を形づくっていくんだ。

怪獣のデザインは、いろいろなものを参考にしたよ。巨大な爬虫類とも言える怪獣に、様々な皮膚の模様や色、絶滅してしまった生物のものなどを組み合わせた。時には顕微鏡を覗いたりして、アイディアを得るんだけど、自然には本当に驚かされるよ。

怪獣の寄生虫は、実在する等脚類をほとんどそのまま使ってデザインした。ナイフヘッドはミツクリザメとほとんど同じ頭を持っている。ちなみに、実在する生物の中で僕の一番のお気に入りはアオミノウミウシ。他の星から来たような外観を持っている。

モデルを作った後は、体に凹凸を付けていく。つまり、シワや折り目、肌、甲殻、鱗などを怪獣の体の大きさに合わせて付ける作業をするんだ。透明度のある体なら、皮の重なりや血管、そして内部も作っていく。それぞれの怪獣の性格に合ったもの、そして、性格が出るように作っていく。怪獣のほとんどは、6つなど、複数の目を持っている。それぞれの目が違って見えるようにも作っていった。

次の工程はメカニズムだ。どうやって動くかを作るんだ。目がどういう風に動き、皮がどういう風によじれるか、瞼はどういう風に閉じるのか、顎はどう動くかなどをリアルに見えるように作っていく。ライジュウは頭が開閉するから、どういうふうに開き、どういう風に閉じるかを作っていく。パズルのピースがピッタリはまるような顔にするにはどうしたらいいかを考えて作っていった。また、真っ二つに切れたときに、内部がどういう風になっているかもデザインした。

これが終わったら、色づけだ。体の部分によって色の違いなどを考えて色づけする。実際の世界でどういう風になるかも考えながらね。

そして、ダイナミックという作業に入る。皮の動きなどを作っていくんだけど、コンピュータは大胆で不自然なテンションの計算もしてくれるんだよ。テンションや筋肉の動きがないと、とても不自然に見える。地面に手をつく時、皮は筋肉の伸び縮みに合った動きをするだろ。それがないと変なんだ。怪獣の内部に筋肉や骨を入れてコンピュータに計算させると、筋肉に合った動きをつけてくれる。生物らしい動きになるように計算して表面をそういう風に見えるよう作るのを手伝ってくれる。筋肉にあった動きをつけることで生きている感じがするし、リアルに見えるんだ。

こうして作っていった怪獣のモデルだけど、僕のお気に入りの怪獣はシドニー。ギレルモの一番のお気に入りはオニババだそうだよ。

ギレルモ・デル・トロを読み解く13の鍵

アカデミー賞作品賞、監督賞など各映画賞を総ナメにした10作目の監督作『シェイプ・オブ・ウォーター』(17)に引き続き、2013年に大ヒットした『パシフィック・リム』(13)の続編『パシフィック・リム：アップライジング』(18)の公開と、巷ではギレルモ・デル・トロ旋風が吹き荒れている。モンスター、怪獣、大型ロボット、アメコミヒーローなどオタク系イメージが先行しがちな彼の作品だが、その比類なき独創性と高い芸術性がようやく真っ当に評価されるようになってきた。現代のダ・ヴィンチとも称される天才肌のデル・トロを13のキーワードで解析する。

文＝阿部清美

メキシコ時代
His youth in Mexico

30歳を前にして、『クロノス』で映画監督デビューを果たす

ギルレモ・デル・トロは、1964年10月9日、メキシコ、ハリスコ州の州都グアダラハラで生を享けた。本をこよなく愛し、絵を描くことに夢中で、粘土の立体像を作ることが大好きだったギレルモ少年は、8歳になると短編映画を作り始め、20歳でメキシコの映画監督ハイメ・ウンベルト・エルモシージョに師事した後、93年、30歳を前にして、異色ヴァンパイアホラーの長編映画『クロノス』で映画監督デビューを果たす。

彼が育った街は決して治安のいい場所とは言えず、幼少期から死と暴力は隣り合わせだったというが、97年、父親が誘拐されたことがきっかけで（友人でもある映画監督のジェームズ・キャメロンが犯人との交渉や身代金支払いに助け舟を出し、父親は72日後に無事に解放された）、デル・トロはメキシコを離れることを決意。ロサンゼルスに移住し、映画製作の拠点も完全に北米となった。もうメキシコで映画を撮ることはないと本人も断言しているものの、心は常に故郷に寄り添っている。17年9月に発生したメキシコ大地震の後、彼が必死に現地の状況をツイートし続けていたことは、その気持ちの表われだろう。

『クロノス』　©Photofest / Zeta Image

荒涼館
Bleak House

敬愛する物に囲まれた「男の隠れ家」

デル・トロは、蒐集家としても知られている。蒐集の対象は、自分の監督作の小道具（経費削減のために自腹を切って購入し、映画製作後にコレクションに加えるパターンは、もはや定番）、膨大な書物や絵画、希少な造形物に加え、特注した敬愛するモンスターや人物のリアルな彫像や独特の仕掛けがある装置など多岐にわたっており、それらは仕事場でもある別宅に収容されている。彼が「男の隠れ家」だというその屋敷は、ディケンズの小説のタイトルから「荒涼館」と呼ばれ、選ばれし訪問客を驚嘆させてきた。

玄関に入ると、巨大なフランケンシュタインの怪物の頭像に出迎えられ、誰もが度肝を抜かすが、それはほんの序の口で、この荒涼館には、テーマ別の奇妙な部屋が複数存在。ホラーの愛読書を収めたホラー・ライブラリーには、等身大のH・P・ラヴクラフト像が佇み、寓話や民話関連のライブラリーであるホーンテッドマンション・ルームには、ディズニーの同名アトラクションの要素が散りばめられている。

他にも、アート・ルーム、スチーム・パンク・ルーム、シアター・ルーム、レイン・ルーム、コミックブック・ライブラリーなどが存在し、廊下や階段の踊り場、裏庭を含め、至るところが彼のコレクションで埋め尽くされている。増え続ける蒐集物のために、増改築が繰り返され、秘密の扉や抜け道など、奇妙奇天烈なからくり屋敷ともなっているのだが、基本的に荒涼館はデル・トロが作業をする場であり、最も落ち着ける空間だそうだ。毎日のように足を運び、彼は新たなアイディアをここで生み出し続けている。

モンスターとよそ者
Monsters and the others

よそ者扱いされるモンスターに己を重ねる

デル・トロのモンスター愛は中途半端なものではない。〝異形〟というだけで毛嫌いされ、追い詰められていく化け物たちに、彼は常に優しいまなざしを向け、愛情を注いでいる。痩せっぽちで弱虫で、いじめられっ子だったギレルモ少年は、大人たちが俗に〝大変子供らしくてよろしい〟と考える、元気に屋外を走り回るような男の子ではなく、内臓を造形で再現したり、気味の悪いホラーな絵を描いたりする、少々変わった子供だった。

そんなデル・トロが、〝スタンダードではない〟というだけでよそ者扱いされるモンスターに己を重ねるのは、ごく自然なことだったのかもしれない。荒涼館に置かれている、トッド・ブラウニング監督の映画『フリークス』(32)の登場人物――小頭症のフリッツや、下半身がないハーフボーイなど――の等身大彫像を見るたび、彼は心が和むそうだ。

デル・トロが特に気に入っているモンスターは、フランケンシュタインの怪物、『大アマゾンの半魚人』(54)の半魚人ギルマン、オペラ座の怪人だが、最新監督作『シェイプ・オブ・ウォーター』は、6歳のときに『大アマゾンの半魚人』を観た彼が、ギルマンと人間のヒロインが結ばれなかったことにショックを受け、あの恋を成就させてあげたいと願い続けてきた想いから誕生した映画だ。

©Photofest / Zeta Image

ハリウッドの洗礼

Mimic

己のこだわりを貫く 映画作りの大切さに開眼する

初長編監督作『クロノス』(92)で、カンヌ国際映画祭批評家週間グランプリやメキシコ・アカデミー賞9部門を受賞したデル・トロ。2本目となる監督作は、ハリウッドデビューとなった『ミミック』(97)だった。『誘惑のアフロディーテ』(95)のオスカー女優ミラ・ソルヴィノを主演に据えたSFホラーで、遺伝子操作された新種の昆虫〈ユダの血統〉が人類の天敵へと進化し、ニューヨークの街を恐怖に陥れるという内容だ。

デル・トロはこの恐ろしい昆虫の造形や診療所、研究所、登場人物の自宅などの映画美術はもとより、ストーリーテリングや撮影でも独自の哲学と美学を貫こうとしたが、「B級昆虫パニックをアート作品に仕立て上げる必要はない」と考えるハリウッドのプロデューサーに何かと難癖をつけられ、しまいには、勝手に編集された不本意な完成版が公開されるという屈辱を味わわされた（そのプロデューサーとは、ハリウッドを激震させたセクハラ騒動の張本人ハーヴェイ・ワインスタインの弟ボブ・ワインスタイン）。

ハリウッドで受けた洗礼にデル・トロは大きく傷つき、『ミミック』後は、もう二度と映画を作れないのではないかと不安な日々を送ったというが、このときの経験が教訓となり、大予算映画だけでなく、どんなに予算が少なくても（たとえ自腹を切ってでも）、スタジオに口出しされずに己のこだわりを貫く映画作りの大切さに開眼。やがて『パンズ・ラビリンス』(06)や『シェイプ・オブ・ウォーター』という傑作を生むことになるのだ。

©Photofest / Zeta Image

特殊メイクとデザイン

Special effect makeup & design

趣味が高じて、特殊メイクアップ会社を創設するまでに

幼少期に家庭の医学大百科や美術百科事典を読みふけっていたギレルモ少年は、人体の仕組みに興味を覚え、工作用粘土で再現して遊んでいた。やがては趣味が高じて、『エクソシスト』(73)の特殊メイクを手掛けたディック・スミスのもとで本格的に技術を学び、メキシコ初の特殊メイクアップ会社〈ネクロピア〉を創設するまでになった。自身の長編初監督作『クロノス』の特殊メイクを手掛けたのは、もちろんネクロピアだ。

特殊メイク畑出身ゆえ、自身の監督作でも、デル・トロは徹底的にモンスターなどの造形に凝りまくる。『パンズ・ラビリンス』のパンやペイルマン、『ヘルボーイ』(04)のサミュエルやビヒモス、『ヘルボーイ／ゴールデン・アーミー』(08)の死の天使やエルフ族、森の精霊エレメンタルなど、彼の映画に登場するモンスターは独特で、一度見たら忘れられないほど強烈な印象を残すものも少なくない。

中でも、顔はのっぺらぼうだが、両手のひらに眼球を持つペイルマンに肝を潰した者も少なくないだろう。あのアイディアは、デル・トロの奥さんのひと言が決め手になったものであり、デザインに3年もの歳月をかけた『シェイプ・オブ・ウォーター』のクリーチャーは、より魅力的な姿にするのに（ヒップの形など）、奥さんと娘さんたちの見解が重要だったと本人が明かしているように、彼にとっては家族も貴重なご意見番なのだ。

©Photofest / Zeta Image

©Photofest / Zeta Image

創作ノート

Notebooks

思いついたアイディアをノートにイラストや文章で記録する

デル・トロは、思いついたアイディアをノートにイラストや文章で記録するという習慣を長年続けている。最初の頃は簡単なメモ書き程度で、俳優やスタッフに自身の世界観を伝えるために利用していたに過ぎなかったのだが、長女が生まれたのを機会に、彼はこのノートの存在を考え直す。そして将来、子供に形見として遺せるものにしようと決め、娘たちが面白いと思ってくれるように描き方を工夫するようになったという。

創作ノートは、下書きなしにいきなりペンで書き出すとのことだが、色使いや見開きのページの雰囲気にまでこだわっており、英語とスペイン語が入り乱れる各紙面はまさにアート作品そのもの。複雑怪奇で美しい中身を見ていると、多彩なアイディアが入り乱れる彼の脳内を探索しているような気分になってくる。

今では、創作ノートはデル・トロと切り離せない存在となっており、彼自身も己の分身のように大事にしている。彼は『ファンタスティック・フォー』の監督をオファーされ、マーベルの超大作をやるか、長年企画を温めてきた小品『パンズ・ラビリンス』を作るか、大いに迷っていた時期に、創作ノートの1冊をタクシーの中に忘れてしまったことがあった。大切なノートをなくしたことで、デル・トロの迷いは吹っ切れ、『パンズ・ラビリンス』を選んだ。そう決心した直後、まるで彼の背中を押すような出来事が起きた。タクシーの運転手から電話がかかってきて、無事にノートは彼の手元に戻ってきたのだという。

©Photofest / Zeta Image

目
Eyes

映画に登場するキャラクターの目にこだわる

デル・トロにとって、"目"は特別だ。彼は、映画のストーリーテリングに必要な色、形、質感を「目のプロテイン（栄養）」と呼び、それぞれの作品で独自の視覚言語を作り上げている。そんな彼が、映画に登場するキャラクターの目にこだわるのも、至極当然だ。

『パンズ・ラビリンス』のペイルマンの目は顔面ではなく、両手のひらにある。『ヘルボーイ／ゴールデンアーミー』の死の天使も、顔に目はない。代わりに翼にたくさんの目があるという奇怪な見てくれだ。

目の代替品ともいえる、メガネやレンズにも、デル・トロなりのこだわりが詰まっている。『ブレイド2』（02）の遮光装置ゴーグルも、『ヘルボーイ』シリーズのエイブ・サピエンのゴーグル、1作目のクロエネン、2作目で登場するヨハンのレンズ部分もスチームパンク風で実にユニークだが、2作目でヘルボーイたちが人間に化けたトロールを見破るのに装着するシュフタイン・グラスや『パシフィック・リム』のチェルノ・アルファに搭乗するロシア人夫婦が被るマスクは、レンズが左右非対称であり、『ミミック』のピーター・マン博士のメガネは片方のレンズだけが割れる（デル・トロは割れたメガネは「失墜」の証だと捉えている）。また、誰かの目が充血しているときも、片目だけだったりするのは、彼が意図的にアシメトリーにデザインしているからなのだ。

©Photofest / Zeta Image

口と歯
Mouths and teeth

口や歯を目と同じくらい重要視する

デル・トロが目と同じくらいに生物器官で重要視しているのは、口や歯だという。それらに関しては、彼の作品で、なかなか衝撃度の高い造形を見ることができる。『ブレイド2』の死神族（リーパーズ）は顎が大きく避け、中から長い触手が飛び出して血を吸うのだが、TVドラマ「ストレイン　沈黙のエクリプス」（16）のヴァンパイアは、さらに触手が強化されている。『ヘルボーイ／ゴールデン・アーミー』の歯の妖精は、小さくて可愛い外見で人間を油断させ、無数に生えた鋭い牙で相手を襲う。いずれも、外からでは分からない恐ろしい何かが口を開くと出てくるというパターンだ。いかなるものも、見た目だけで判断してはいけないというデル・トロのメッセージが込められている。

また、彼の映画に登場する人物は、頬を裂かれ、貫かれ、口内まで深い傷を負うことがしばしばある。『パンズ・ラビリンス』のヴィダル大尉、『クリムゾン・ピーク』（15）のトーマス・シャープ準男爵、『シェイプ・オブ・ウォーター』のホフステトラー博士は、いずれも顔面を負傷し、凄まじいまでの痛みに晒されるのだが、デル・トロは暴力描写に関して容赦をしない。これでもかと針を刺し、ナイフを突き立て、指を突っ込むシーンの残酷さには、観ている方が思わず頬を押さえたくなるほど。これは、彼の映画のレーティングが高く設定されてしまう一因となっているのだが、彼は残酷な現実から目を背けたり、レーティングを下げるため、オブラートに包むように描いたりはしたくないと考えている。

©Photofest / Zeta Image

機械仕掛けの小道具
Clockwork props

大小の時計仕掛けの機械たちはほぼ全作品に登場する

デル・トロは、小道具の作り込みにも決して手を抜かない。スクリーン上で、観客の目が一瞬捉えるか捉えないかのわずかな間しか登場しなくとも、だ。例えば、『クリムゾン・ピーク』のヒロインの衣裳は全て手縫いだし、『クロノス』『ヘルボーイ』『パンズ・ラビリンス』『シェイプ・オブ・ウォーター』でちらりと登場する書物やノートの手描きアートの完成度は高く、それだけですでにひとつのアート作品となっている。

中でも特筆すべきは、デル・トロ映画のほぼ全作品に出てくる大小の時計仕掛けの機械たちだ。『クロノス』のクロノス装置、『ヘルボーイ／ゴールデン・アーミー』の金の卵型手投げ弾（周囲を森林化させる）や無敵軍隊ゴールデン・アーミーたち、『パシフィック・リム』のイェーガーたちを動かす部品の数々、『クリムゾン・ピーク』の粘土掘削装置やオートマタ（機械人形）など、内部で歯車が動く様子や音にまで、デル・トロのこだわりが詰まっている。

©Photofest / Zeta Image

本の虫
Bookworm

大の読書家は小説家という肩書きも持つ

デル・トロは大の読書家だ。父親が揃えてくれた百科事典類を幼い頃から愛読し、ホラーコミックにはまって英語を独学し、7歳から20歳まで、1日2冊のペースで本を読んだ。さらに驚きなのは、彼は7歳のときに初めて自分で本を購入したのだが（フォレスト・J・アッカーマン編集の『ベスト・ホラー・ストーリーズ』だった）、その当時から読んだ本を捨てないで取ってあることだ。もちろんその数は膨大で、荒涼館のかなりのスペースを占めている。今では、iPadに電子書籍を千冊以上入れて持ち歩いているが、気に入った作品は紙の本でも購入し、きちんと蔵書に加えているという。

彼の敬愛する作家の中でも、エドガー・アラン・ポーとH・P・ラヴクラフトには、荒涼館に等身大の彫

©Photofest / Zeta Image

像を置くくらい心酔している。特にラヴクラフトの世界観には大きく影響されており、『ヘルボーイ』のモンスターは、クトゥルフ（ラヴクラフトの小説に出てくる架空の邪神）を彷彿とさせる造形だ。

　デル・トロは映画監督である他に、小説家という肩書きを持つ。TVドラマの「ストレイン」シリーズや『クリムゾン・ピーク』『シェイプ・オブ・ウォーター』の原作も共著者とともに手掛けているのだが、彼の語彙や文章にも、ラヴクラフト的な雰囲気が感じられる。

カイジュウと日本のカルチャー

Kaiju and Japanese culture

ウルトラ怪獣が大好きで、伝統的な妖怪文化や日本画にも興味を持つ

　デル・トロは、ウルトラ怪獣や特撮が大好きで、ジブリ作品をこよなく愛している。荒涼館にウルトラ怪獣のフィギュアを置き、来日のたびにバルタン星人やピグモンと満面の笑みで記念撮影し、自身が監督した『パシフィック・リム』の地球で暴れまくる巨大生物を「カイジュウ」と称した彼を、日本のファンは愛情を込めて「俺たちのトトロ」と呼ぶ。

　また彼は、ホラー漫画家、伊藤潤二の作品を絶賛している。確かに、伊藤潤二の恐ろしくも美しい登場人物やあまりにも異様な世界観、目や歯や皮膚のこだわりの描写には、どこか同じ匂いを嗅ぎ取ることができ、デル・トロが魅せられるのも納得だ。それだけではなく、同じくホラー漫画界の大御所、日野日出志に言及したり、浦沢直樹の「MONSTER」のTVドラマ化や大友克洋の「童夢」の映画化を目指していたりすることからも（残念なことに、これらの映像化の話は全く進んでいないが、「MONSTER」の方はいまだ進行中らしい）、彼の知識の深さと名作を見極める確かな観察眼には感嘆せざるを得ない。

©Photofest / Zeta Image

　しかも、デル・トロの日本文化への興味は、現代的なものだけに留まらない。伝統的な妖怪文化や日本画にも興味を示しており、なんと『シェイプ・オブ・ウォーター』のヒロインの部屋の壁紙は、葛飾北斎の浮世絵が映画美術に取り入れられている。有名な波の絵である富岳三十六景のうちの『神奈川沖裏浪』や大きな鯉のうろこから発想を得たという。

頓挫した作品たち

Derailed works

「F＊＊＊ KONAMI」とツイートする

　常に複数のプロジェクトを抱える多忙なデル・トロには、実現しなかった作品も少なからず存在する。

　スタジオ側の都合により、『ホビット』（12）の監督を降板せざるを得なかった（脚本家としてはクレジットされている）彼は、長年の夢だったラヴクラフトの小説「狂気の山脈にて」の映画版を実現させるべく、ジェームズ・キャメロンを後ろ盾に資金提供者を探したものの、首を縦に降るスタジオは皆無だった（彼はこの作品をまだ諦めていない）。『パシフィック・リム：アップライジング』（18）もデル・トロが監督する予定だったが、製作会社の都合で撮影開始が大幅に遅れたために製作に回り、代わりに『シェイプ・オブ・ウォーター』を作り進める道を選んだ。さらに、『ヘルボーイ』シリーズは計3部作を目指していたものの、3作目は断念した（デル・トロが一切関わらなかった『ヘルボーイ』リブート版は、19年1月に全米公開が決定）。

　17年末に1年間の監督休業宣言をしたデル・トロだが、今後のプロジェクトはすでに始動している。47年の映画『悪魔の往く町』のリメイクで監督と脚本を務める他、ジェームズ・キャメロンとともに『ミクロの決死圏』（66）のリメイクを進めている最中だという。

　さらには、ゲーム「メタルギア」シリーズの小島秀夫監督、俳優ノーマン・リーダス、漫画家の伊藤潤二と組んで、大ヒットゲーム「サイレントヒル」シリーズの新作の企画が進行していたが、KONAMIにより開発中止となり、デル・トロが「F＊＊＊ KONAMI」とツイートしたのは有名な話だ。しかしその後、小島プロダクションが発表した新作ゲーム「デス・ストランディング」のトレーラーには、ノーマン・リーダスだけでなく、デル・トロも登場。ファンの期待は大きく膨らんでいる。

SNS

Social networking service

〈Twitter〉のヘヴィーユーザーとして有名

　先日、デル・トロが『シェイプ・オブ・ウォーター』のプロモーションで来日した際、ライヴヴェントで「来てくれたみんなにサインするよ」と突然発言し、その場が即席サイン会場になったように、彼はファンと積極的に交流することで知られている。観客を会場から連れ出し、クッキーとミルクを振る舞ったアンディ・カウフマンを例に挙げ、彼はファンや観客とのつながりを大切にしていると語ったこともあった。

　そんなデル・トロは、アメリカ最大級のソーシャルニュースサイト兼掲示板〈Reddit〉に「本物だけど、何か質問ある？」と時折降臨し、ファンから質問攻めにされても丁寧に答えているし、〈Twitter〉のヘヴィーユーザーとしても有名だ。〈Twitter〉では、有名無名、新旧を問わず、世界中のアーティストのイラストなどを紹介。それらの中には、実際に自身の映画で利用した小道具も含まれているが、彼が自ら見つけた〝掘り出し物〟が多い。自分がいいと思うものを熱心に紹介し続けていく様子からは、次世代を担う若手の才能や、埋もれてしまって、日の目が当たらなくなっている芸術家を人々に伝えていくことが、彼の使命になっているようにも思えてくる。

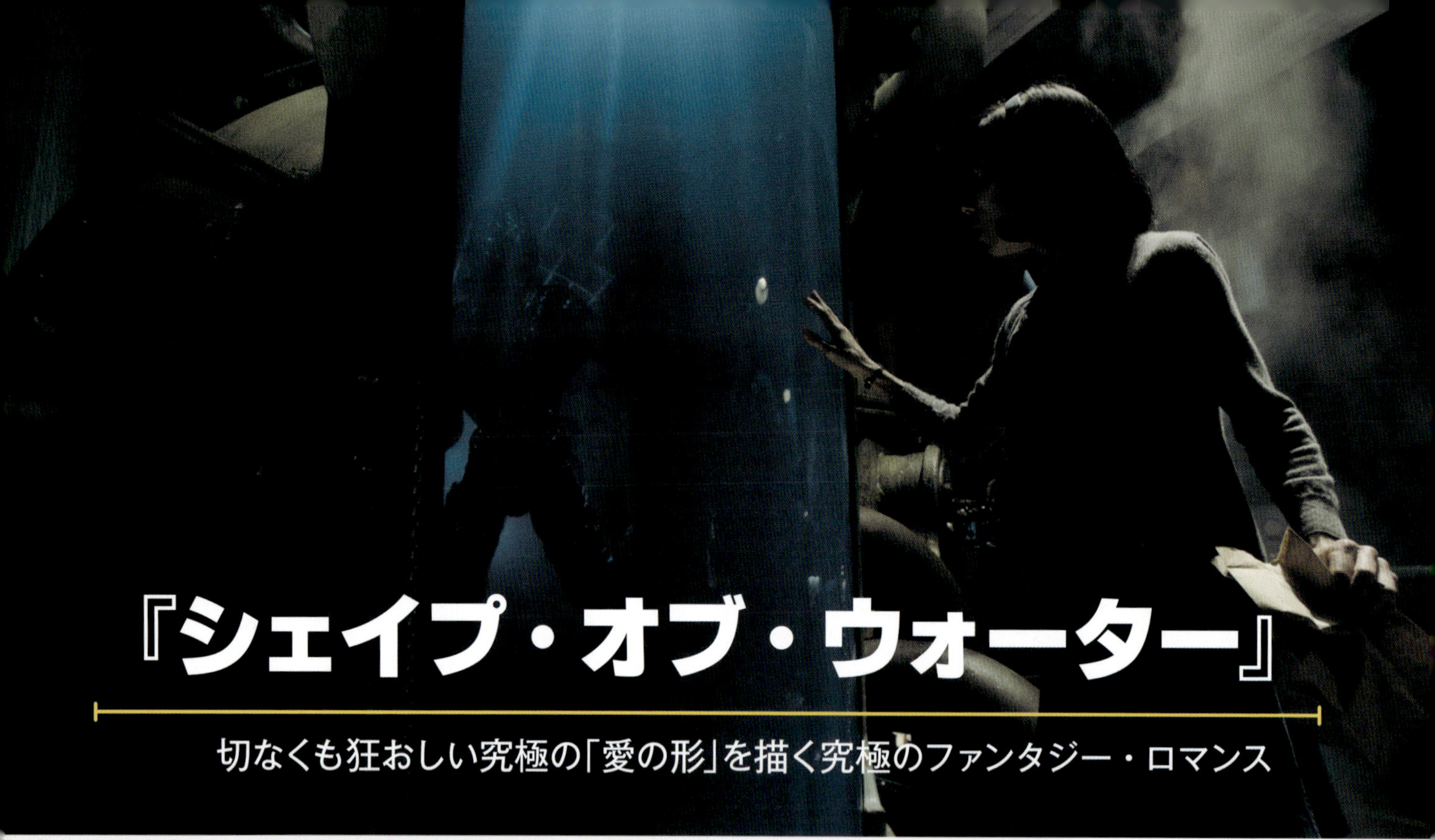

『シェイプ・オブ・ウォーター』

切なくも狂おしい究極の「愛の形」を描く究極のファンタジー・ロマンス

The Shape of Water
2017年アメリカ映画／監督・脚本・製作＝ギレルモ・デル・トロ／出演＝サリー・ホーキンス、オクタヴィア・スペンサー、リチャード・ジェンキンス、マイケル・シャノン／上映時間＝124分／配給＝20世紀フォックス映画／絶賛公開中

文＝清水 節

第90回アカデミー賞で最多13部門にノミネートされた本作は、作品・監督・美術・作曲の4部門を制して最多受賞作に。モンスターが主役級のダークなSFファンタジーが、作品賞にまで輝くのは初めてのこと。単なるジャンル映画に留まらず、社会性を兼ね備えている。ジェンダー、性的少数者、少数民族など多様性に関する認識が深まる時代の象徴的な作品として、本作は評価された。

授賞式で壇上に立ったギレルモ・デル・トロは、「私は移民。私たちのアートで最も素晴らしいのは、砂に引かれた線を消すこと。もっと深く線を刻めと言われるときこそ、線を消していくべき」とトランプ政権の移民排除政策を揶揄しつつ、「この賞を若者に捧げる。夢見る人や、ファンタジーで現実を語りたい人に伝えたい。夢は叶う」と語った。

物語の舞台は、1962年のアメリカ、ボルチモア。主人公は、名女優サリー・ホーキンスが演じる、言葉を話せない清掃員イライザ。子供の頃のトラウマで声を発することができないのだ。孤独な彼女は、映画館の上にあるアパートで、ひっそりと暮らしている。ある日、イライザが勤めている政府の研究施設に、川で捕らえられた不思議な生き物が、極秘で運び込まれてくる。それは、アマゾンの奥地で神として崇められていた人型の魚、フィッシュマンだった。研究施設の責任者である大佐は、国家プロジェクトに利用すべくフィッシュマンを監禁し、生体解剖実験を行おうと画策している。凶暴だが、どこか淋しげなフィッシュマンに惹かれ、周囲の目を盗んで密かに彼と心を通わせ始めたイライザは、海に戻してあげようと企てる。

なぜ舞台を、60年代初めに設定したのか。デル・トロはこの時代を、「アメリカが再び偉大になる」ことに躍起になっていたと考える。権力者は横暴で、排他的な価値観や暴力が蔓延し、弱者ばかりが抑圧されている。つまりこの映画は、混沌とした現代アメリカの映し鏡なのだ。

社会から取り残されたマイノリティたちは、夢を見ることで辛い現実を何とか生きようとしている。フィッシュマンを救い出すイライザの計画に手を貸すのは、隣に住むゲイの画家と、親友で黒人の清掃員だ。そんなサスペンスを仕掛けながら、人間の女性と男性機能を持つクリーチャーという異種間の愛を描いていく。

実はデル・トロは、実写版『美女と野獣』の監督を降板している。〝デル・トロ版 美女と野獣〟とも言える本作に、愛の交歓を表すミュージカル・シーンまで登場するのは、もちろん本家ディズニー映画への目くばせに違いない。ただし、フィッシュマンが美男子に変身することはない。外見、美醜を超えて愛し合う。「愛と水は宇宙で最も柔軟で力強い」とデル・トロは語る。本作のタイトルは、切なくも狂おしい究極の「愛の形」を意味している。

GUILLERMO DEL TORO interview

「6歳の時に、『大アマゾンの半魚人』を観たんだ。美しさのあまりに涙を流したのは、それが人生で初めてだったな」

文＝猿渡由紀

今度こそ、彼の番。

最も独創的な世界観と卓越したヴィジュアルのセンスに恵まれたフィルムメーカー、ギレルモ・デル・トロは、長い間、映画ファンと関係者から強い尊敬を集めてきた。同じくメキシコの出身である親友のアレハンドロ・ゴンザレス・イニャリトゥ、アルフォンソ・キュアロンと共に、メキシコ映画のニューウェイヴと呼ばれてきたが、この3人のうち、まだオスカー監督賞を手にしていないのは、デル・トロだけである。

だが、もうすぐそれは変わる。昨年のヴェネツィア映画祭以来、『シェイプ・オブ・ウォーター』で大絶賛を受けてきた彼は、今月、非常に重要な監督組合賞（DGA）を受賞したのだ。69年の歴史で、DGAを取った監督がオスカー監督賞を受賞した例は、62回。デル・トロが63人目となることは、ほぼ間違いないと予想されている。

それはさておいても、本作は、デル・トロ本人にとって、キャリアで最も満足を感じる作品だ。友人キュアロンも、これをデル・トロの最高作と呼んでいる。

「この映画を初めて観た時、アルフォンソは『セラピー効果を感じる映画だね』と言ったよ（笑）。実際、そうだと思う。この映画には、過去には怖くてやれなかったようなことがたくさん入っているんだ。僕は25年も映画を作ってきた。髪も薄くなってきた今になって、ようやく、い

いさ、やりたいことをやってやるぞと思ったのさ。今、僕は成功というのは限りなく失敗に近く、それがために失敗のように感じるものだと思っている。今作も、撮影中、何度も『いったい俺は何を作っているんだ？』と思ったよ。そしてそのたびに、『そう思うのは、良いことをやっている証拠だ』と自分に言い聞かせた」

　実際、『シェイプ・オブ・ウォーター』の説明を聞くと、「そんな映画があり得るのか」と思うはずである。今作は、ひとことで言えば恋愛映画。だがミュージカルの要素があり（そこまではまだ理解できるだろう）、血がたくさん出て、怖いクリーチャーが登場し、エロチックで、かつ政治的、社会的メッセージがあるのだ。ついでに舞台は60年代で、時代物でもある。

「6歳の時に、『大アマゾンの半魚人』を観たんだ。そこでは、ジュリー・アダムスがクリーチャーと一緒に泳いでいた。美しさのあまりに涙を流したのは、それが人生で初めてだったな。あんなに美しいものを、僕は観たことがなかったんだよ。僕は2人に一緒になってもらいたかった。でも、そうはならなかった。それで僕は、長年、あの映画にオマージュを送りつつ、そうではない結果になる作品を作りたいと思ってきたんだよね。そして、ある朝、僕はプロデューサーのダニエル・クラウスと朝食をとっている時、ほかに今どんな企画があるんですかと聞かれて、『清掃員の女性がオスの両生類と出会う。そいつは研究所の試験管の中にいて、彼女が家に連れて帰る。そういう映画を作りたい』と言ったのさ」

　今作の主人公イライザ（サリー・ホーキンス）は、耳は聞こえるが口のきけない女性。彼女の親友は、同僚の黒人女性（オクタヴィア・スペンサー）と、隣人のゲイ男性（リチャード・ジェンキンス）だ。さらに、彼女が恋におちるのは、両生類の奇妙なクリーチャー。つまりみんなマイノリティで、差別される側にある。一方で、彼らに辛く当たるのは、白人のエリート男性だ。舞台は冷戦時代だが、トランプ政権下にある今のアメリカで、この状況は、とてもタイムリーに感じられる。

「多くの人にとって、この状況は、1年半くらい前（注：トランプが選挙に勝った時）に始まったのかもしれない。でもメキシコ人にとっては、ずっとそうだったんだよ。（この映画の舞台でもある）60年代前半を見て、アメリカは素晴らしい時だった、またアメリカをあんなふうにしよう、と言う人たちがいる。あの頃はたしかに、白人にとっては良い時だった。だが、そうじゃない人たちにとっては、ひどい時だったんだよ。僕が望むのは、僕らがこの状況を改善していく間、なんとか地球が存続してくれること。この1年半、逆戻りしてしまったが……」

　現在住むのは、ロサンゼルス。だ

が今作も含め、近年の作品のほとんどは、トロントで撮影した。トロントには家も購入しており、トロントでのデル・トロの人気は、絶大なものがある。今作が上映されたトロント映画祭でも、彼はまさに国賓のような歓迎を受けていた。

「僕は、地理というものを信じない。地理は、人々を分割するために存在するものだ。政府は、地理や人種などを使って人を分類しようとする。それはまったくもって不必要なこと。地球から遠く離れたところから、衛星でこの星を見たならば、アメリカとメキシコは、同じに見えるよ。地球の一部にすぎないんだ」

　そうは言っても、メキシコに生まれたルーツは、彼の重要な一部だ。

「僕は、世界の市民。だが同時に、自分がどこから来たのかを否定することも不可能なんだよ。この映画も、もし僕がたとえばスウェーデンに生まれていたならば、同じものにはなっていないと思う。メキシコに生まれたからこそ、僕の映画にはそれ特有の狂気があるんだ。一方で、自分はどんな映画だって作って良いとも思っているよ。ベルナルド・ベルトリッチが『ラストエンペラー』を作った時に、そう思ったんだ。彼は中国についての映画を作ったんだから。僕らは、どんな話を語ったって良い。同じ民族の先入観こそ、差別の第一歩なんだ」

『ブレイド2』

「ヴァンパイアのモンスターとしての魅力を描きたかった」

©Photofest / Zeta Image

『ブレイド2』

発売＝ワーナー・ブラザース ホームエンターテイメント／ブルーレイ(¥2,381+税)／DVD（¥1,429 +税）／発売中

文＝渡辺麻紀

――あなたの長編デビュー作のホラー『クロノス』もヴァンパイアものでした。ヴァンパイアのどういう部分に惹かれるんでしょうか。

「ヴァンパイアに関しては、さまざまな考え方があり、だからこそずっと語り継がれるストーリーになったんだと思う。僕がもっとも興味深いと思ったのはその部分。本当にいろんなイメージがヴァンパイアにはあるからね。たとえば説明出来ないものを伝えようとする場合、人はモンスターを登場させる。暗闇のなかに自分たちの魔法の国を作り出すとき、光が生まれ、太陽が死んで行くという表現を使う。光と影、太陽と月、そして、かつて人間は人間を喰らっていたということを考えると、人間の本能には血肉を欲するところがあり、もしかすると自分たちは獲物になるのかもしれない……そういう気持ちがヴァンパイアを生み、人間に恐怖を植え付けけんじゃないかってね。最近のヴァンパイアは『インタビュー・ウィズ・ヴァンパイア』のようなロマンチックで美しいイメージになってしまった。だからこそ僕は、ヴァンパイアのモンスターとしての魅力を描きたかった。つまり残忍で、人間を獲物としか考えないヴァンパイアだよ」

――作る上で影響を受けたのは？

「西洋の文化では重視されないエレメントを基に作っていて、とりわけ大きな影響を受けているのが日本のゲームやアニメ、そしてマンガなんだ。ゲームのテクスチャー、アニメの動き、マンガの斬新さを盛り込んで作ったつもりなんだ」

――どんな作品ですか？

「ゲームだと『パラサイト・イヴ』『バイオハザード』、それに『コスモロジー・オブ・京都』かな。日本のゲームはストーリーの展開の仕方も面白いし、ガジェットがいいよね。アニメは『妖獣都市』『獣兵衛忍風帖』、マンガは『Petshop of Horrors』だ。リチャード・コーベンとデヴィッド・クローネンバーグの影響もある」

――大きく開きまくる口が特徴的かつ不気味な吸血鬼、リーパーズのデザインについて教えてください。

「デザインするときは、生物学的に正しいかどうかを念頭においてやったんだ。動きにも注意を払っているからこそ、不気味さやリアリティが出たんじゃないかと思っている。モンスターをクリエイトする場合、実際に存在するものに何かを加えることによって作り出すことが多い。人間の顔の上に何かをくっつけるパターンだよね。でも僕は、それはやりたくなった。そこで今回は、ぱっと見ると人間だが、そこからアゴが普通じゃない動きをして驚くべきルックスになるという〝変化〟をつけてみた。その変化によって観客にショッキングなイメージを与えたかったんだ。ただし、作るのは大変だった。ひとつの顔を旧来のメイクと新しいデジタルを組み合わせて作っているんだ。顔の上部は特殊メイクで、ア

ゴ周辺がデジタルだよ。パペットと人間を組み合わせることもあった。パペットだけやデジタルだけにしなかったのは、人間の目の活き活きした感じがほしかったからだ。それこそが生命力。それがなきゃモンスターじゃない」

――そのモンスターエフェクトはスティーヴ・ジョンソンですね。彼に頼んだ理由は？

「スティーヴはアメリカを代表するトップのメークアップアーティストの1人だと思っている。僕に言わせれば、彼が作り出すモンスターやメイクはもうアートの領域なんだ。彼は本作の参加にもとても意欲的で、いろんなアイディアを出してくれた。新しいことをしたいという情熱に溢れていて、実際、あんな凄いリーパーを作ってくれたんだ。その仕事っぷりがあまりに素晴らしかったので、僕は彼に通常のギャラの10倍を払ったくらいなんだ」

――VFXスーパーヴァイザーのニック・アルダーとの仕事はいかがでしたか？

「僕はずっとニックに敬意を称していて、いつか一緒に仕事をしたいと考えていて今回、やっとかなったことになる。僕はフィジカルエフェクトの知識はあまりなくて、困ったときに彼に訊ねるとパーフェクトの答えを返してくれるんだ。そうだな……ニックはオールドファッションなプロフェッショナルという感じ。だからすっごく頼りになる」

――ところで、どんなヴァンパイア映画が好きですか？

「アニメ版の『吸血鬼ハンターD』は大好きだね。怖くてファニーで悲しくってドラマチックなのは（ジョージ・A・）ロメロ監督の『マーティン』、『ニア・ダーク／月夜の出来事』も好きだし、正統派で言うなら（フランシス・フォード・）コッポラ監督の『ドラキュラ』。クラシックな味わいとファニーな魅力がミックスされた（ロマン・）ポランスキー監督の『吸血鬼』も素晴らしい。ほら、こうやってあげてみてもヴァンパイアものはヴァラエティに富んでいるんだよ」

――ヴァンパイアのほかに興味のあるモンスターは？

「モンスターは大好きで、話し出したら止まらないくらい（笑）。いま僕がもっとも燃えているのはマイク・ミニョーラの『ヘルボーイ』の実写化なんだ。97年にコミックを読んで以来、ミニョーラに夢中で、映画化したくってしょうがなかったんだ。だから実際に彼と会って友情を育み、一緒に映画化を進めていた。僕の頭のなかではヘルボーイはロン・パールマンなんだけど、スタジオに言わせれば『そいつは誰だ？もっと名前のある役者じゃなきゃ』になる。そこで僕とミニョーラは秘密のプロジェクトを立ち上げた。それがロンを『ブレイド2』に出演させ、顔と名前を売り、その影響力をスタジオに分らせるというものだった。つまり『ブレイド2』はロンのプロモーション・フィルムも兼ねているんだ（笑）。でも、その苦労のおかげでスタジオもロンで納得してくれたし、製作費も6000万ドルで決定した。もちろん、ヒットすればシリーズ化したいから、今回はベーシックなストーリーを描き、ヒーロー的な活躍と同時に、家でTVを見ながらビールを飲むのが楽しみという姿も描こうと考えている。いまから、本当に楽しみなんだよ（笑）」

――ほかに温めている企画は？

「もうたくさんあるよ！　ラブクラフトの『狂気の山脈にて』、クリストファー・ファウラーの『スパンキイ』、そして大好きな『大アマゾンの半魚人』。これはリメイクの話が来ているんだけど、僕としてはまったく違う作品にしたいと考えている。僕はいつだって、誰も見たこともないモンスター、誰も考えたことのない悪魔像を作りたいと思っているんだ」

――大友克洋の『童夢』をやるという話も聞きましたが、あれは日本の団地だからこそ成り立つのでは？

「確かに君の言う通りだろうね。でも、だからこそアメリカに置き換えて作ってみたいという気持ちになったんだ。日本とアメリカのアパートはまったく異なる。文化も大きく違う。でもさ、人間が抱える孤独感、これは万国共通だと思わないかい？　あとはぞっとするような感覚。これも文化に関係なく存在すると思う。だから面白いものが出来ると確信しているんだ……とはいえ、権利問題でなかなか前に進んでないのが現状なんだけどね」

――来日してジブリ美術館に行ったと聞いています。どうでしたか？　何を買いました？

「今回の来日の目的のひとつはジブリ美術館だったからね！『天空の城ラピュタ』の巨神兵、『もののけ姫』のシシ神のスタチュー、宮崎さんに関して、彼の映画について書かれた本も20冊以上買ったかな。あとは日本のアニメ等のDVD50本と、たくさんのオモチャ。いまのところ段ボール3箱分（笑）」

――宮崎 駿のどういうところが好きなんですか？

「宮崎さんはベスト3に入るくらい大好きな監督。物語を語らせたら右に出る者はいないと思う。その物語は幾代にも亘って語り継がれる素晴らしいもので、ほかの監督の作品とは比べられない。宮崎さんは神でありマスター。富士山の頂上に立っているような人。少なくとも僕にとってはね！」

――もっとも好きな宮崎作品は？

「そんなの選べないよ！　その日の気分によって最高の1本は違うんだ。そうだな……今日は『未来少年コナン』って気分かな。でも、『天空の城ラピュタ』のなかに『未来少年コナン』があり、『アルプスの少女ハイジ』のなかにほかの作品があり、『ガリバーの宇宙旅行』や『長靴をはいた猫』『ルパン三世　カリオストロの城』には共通点がある。だから選べないんだよ！（笑）」

©Photofest / Zeta Image

『ヘルボーイ／ゴールデン・アーミー』

「『ヘルボーイ』の2作でやっと、ハリウッド大作を自分の思うやり方で撮れた気がする」

文＝斉藤博昭

――『ヘルボーイ』の2作目ということで、前作とは違ったアプローチがあったのでしょうか。

「1作目のとき、原作が作り出した世界にある種の義務感を抱き、その世界を忠実に映画化していると思っていた。でも最終的に映画はコミックから離れてしまった。僕自身が臆病になった結果なのだろう。だからこの2作目では、本能的な"検閲"を止め、大胆に、直感どおり自分が思う最高の作品をめざしたんだ。コミックのストーリーにも頼らなかった。『ミミック』で僕は辛い経験をして、『ブレイド2』で起死回生できた。そして『ヘルボーイ』の2作でやっと、ハリウッド大作を自分の思うやり方で撮れた気がする。目の前のルールから逃れ、満足のいく作品によって自由を手に入れたのさ」

――製作費はやや少なめだったそうですが……。

「このジャンルのサマームーヴィーは、製作費の平均が2億ドルくらい。でも本作は8500万ドルだった。1作目が6000万ドルしか稼いでないからね。でも僕らは『オズの魔法使』のようなエピックとなる作品をめざし、予算のかからないハンガリーで撮影した。セカンド・ユニットも使わず、僕がすべて現場を管轄したよ。1週間に6日で、130日以上働いた結果、作品は僕らが望むスケール感を保つことになった。僕らプロデューサーたちは、ギャラの半分が後払いになったけどね（笑）」

――『パンズ・ラビリンス』の成功は、何か影響を与えましたか？

「本作のゴーサインが出たのは、『パンズ～』がアメリカで公開される前だった。その後、『パンズ～』がアカデミー賞でも受賞したので、影響といえば、次回作に『ホビット』の映画化をオファーされたことだね。この『ヘルボーイ』の続編は、むしろ『デビルズ・バックボーン』と似た努力で作られたと思う」

――本作でエイブ・セピアンを演じたダグ・ジョーンズは、あなたに忠誠を尽くしています。俳優やスタッフに何を期待しますか？

「僕は劇作家のブレヒトの言葉を信じている。『1日だけ勇敢な者はグッド。しばしば勇敢な者はベター。そして100%勇敢な行為をする者は絶対、手放すな』という言葉だ。協力する相手がもし99・9%しか出しきらなければ、相手にしない。相手が100%の状態でいれば、僕も全力を出しきる。もしみんなが朝6時に起きて、夜中の1時に寝るなら、僕は4時に起きて、3時に寝るよ。見本を示してリードするんだ。それによって忠誠心が生まれると思う」

――多くの映画がグラフィックノヴェル（コミック）を基に作られています。その状況をどう思いますか？

「それらの作品には、クリエイターたちが投影されていると思う。クリストファー・ノーランが『バットマン』の映画を作ったという事実が好例だ。『メメント』のような作家性

写真提供=NBCユニバーサル・エンタテイメント
『ヘルボーイ／ゴールデン・アーミー』

の強い映画を撮った監督が、コミックのキャラクターについて考察したわけだからね。そしてジョン・ファヴローは、パルプやコミックの世界をちゃんと理解して映画を撮っている。『スパイダーマン』のサム・ライミにしても、そのキャラクターに思い入れのある人間が、新たなストーリーを続けることに関心を抱いている。この状況は素晴らしいよ」

──現在、『ホビット』の準備などで、ニュージーランドへ行き来するそうですね。

「この7ヵ月間、僕はロンドンとロサンゼルスを行ったり来たりしている。飛行機で通勤するのは慣れたよ。10時間のフライトだが、時差と友達になった感覚だ。きっと僕は55歳くらいで死ぬだろうね（笑）。来年はニュージーランドとロサンゼルスを行き来することになる。そして7月くらいにニュージーランドに引っ越すだろう。僕は2箱の本と2箱の映画を、そして僕の家族はトルティア（メキシコのチップス）を持って行くつもりだよ（笑）」

──ニュージーランドでは、ピーター・ジャクソンとの仕事が待っているわけですね。

「ピーターと最初のミーティングをした頃、彼のミニチュアを集めた倉庫に案内してもらった。ピーターの運転で倉庫までドライヴし、彼は自分の鍵でゲートを開け、倉庫のライトを全部つけて、コレクションを見せてくれたんだ。僕は思わず、盗んで帰りたくなったよ（笑）。その間、僕ら以外には警備員もアシスタントもいなかった。それから戻って、『ホビット』のストーリーミーティングをしたのだが、ピーターは夕食用にカレーのデリバリーを注文した。しばらくしてドアのベルが鳴ると、ピーターは靴を履かずに玄関に降りて行って、カレーのお金を払い、みんなで食べたよ。食後には自分たちでお皿を洗った。メジャー映画の製作現場とは思えないだろう？ でもこれこそ、人間的で正しい仕事のやり方なんだ。僕らは神様でも天才でもない。他の人たちが車や洋服を作るように、僕らはただ映画を作っている。ニュージーランドのそうした気取らない空気が好きだね」

──これからフィルムメイカーになりたいと思っている人たちに、何かアドヴァイスを与えてください。

「映画は宗教と似ている。イスラム教徒が仏教徒にアドヴァイスするのは難しいだろう？ 僕自身、『ブレイド2』での大がかりなアクションが不安で、ジェームズ・キャメロンに相談したら、『アクションも会話と同じ。カメラを置き、正しい瞬間にカットするだけ』と言われた。（『ブレイド3』などの）デヴィッド・S・ゴイヤーが最初の作品を監督するとき、フランシス・フォード・コッポラの『カンバセーション…盗聴…』を勧めたけど、過去の名作を学び、何がいい映画を生み出したかを知れば、正しい方向に進むのさ」

©Photofest / Zeta Image

『クリムゾン・ピーク』

「おとぎ話やゴシック小説が大好きなんだ」

構成＝編集部　写真提供＝NBCユニバーサル・エンターテイメント

――『クリムゾン・ピーク』のインスピレーションはどこから得たのですか？

「似たようなおとぎ話やゴシック小説が大好きなんだ。実際、『クリムゾン・ピーク』の話によく似た『青ひげの妻たち』というおとぎ話もある。ジョセフ・シェリダン・レ・ファニュが書いたゴシック小説『吸血鬼カーミラ』とも似ている。おとぎ話、ゴシック小説、怪奇小説という3つの文学ジャンルはとても緊密な関係にあるけど、どれも同じわけじゃない。おとぎ話はとても恐ろしいものもあれば、いくつかの要素でおとぎ話とみなされているものもあり、たいていは怪奇奇想の類で、ユダヤ・キリスト教の伝統とは違う超自然現象の摂理が働く。欠かせない要素は妖精、小人、鬼など。ゴシック小説にはたいていの場合、ロマンスが関わる。このロマンスというのは単にラヴストーリーという意味じゃなく、非常に詩的な過去への憧れだ。怪奇小説はほかの二つのジャンルとは常に違った要素を持っている。インスピレーションが閃いたのは『自分が愛するこれら3つのジャンルを合わせた映画を作れないか』と思ったからだ」

――映画のインスピレーションの源は文学でしたが、キャストには何かを読むように指示しましたか？

「この作品はほかの映画よりも、文学、イラストレーション、絵画に基づいているんだ。キャストには、とくにゴシックのジャンルにこだわらず、いろいろな本を読むように勧めた。ミアは『フランケンシュタイン』を、トムはアン・ラドクリフの『ユードルフォの謎』を読んでたね。2人は僕にジャコビアン時代の戯曲『マルフィ公爵夫人』を読むように勧めてくれた。映画の幕切れに役立つだろうと思ったからだ。読んでみて気に入った」

――恐怖や緊張の高まった感情を作りだすのは、セットのほうがやりやすいですか？

「完璧に実物のセットに囲まれて映画を撮影すると、リアル感がまったく違うと思うよ――つまり、僕たちのセットには、水の出る蛇口もあったし、本物のストーブも、本物のオーブンもすべて完備されていたから――その世界に溶け込むのは簡単だ。ブルースクリーンやセット・エクステンションにかこまれているよりはね」

――ジェシカ・チャスティンは自分の役の履歴書をもらったそうですね。それは全員についてやることなんですか？

「スペイン語の映画のときはするけれど、アメリカ映画のときはそんなにやらない。また違った雰囲気があるからね。読み物のようなもので、そんなにリアルなものじゃないよ。おかしな話だけど、『パシフィック・リム』ではやった。主要な登場人物については書いたけど、それはそれらの人物を知らなくちゃと感じたか

らだ。そうすると、撮影のセットにおける2つの孤独な立場――監督と俳優のあいだに共通の言語ができるんだ」

――脚本を書いたり、撮影したりするときに、怖がらせようと意図しているんでしょうか？

「実はこの世では、できると保証できないものがある。たとえば恐ろしさ、可笑しさ、エロティックな興奮。3つとも本能的な衝動だ。たとえば劇場の80パーセントがすごく面白いと見なすジョークでも、かならず20パーセントは同意しない。それは恐ろしさと可笑しさでも同じ。すごくむずかしい。だから計算できるただ1つの方法は、『これで怖いと思えるか？　これで興奮できるか？』と自問すること。万全を期すことなんかできない。なぜって、そんなものはないからだ」

――プロダクション・デザインには、どの程度、関わったのでしょう？

「映画製作は4本脚のテーブルだ。みんなが素晴らしい撮影だと誉めたら、それはプロダクション・デザインを誉めているのと同じ。映像スタイルがいいねと誉めたなら、衣裳デザインを誉めたのと変わらない。4本の脚とは、演出／カメラワーク、撮影、プロダクション・デザイン、衣裳だ。もしこの4本脚が同じ長さで、完璧にそろっていたら、映画は単なる目の保養から、目の栄養になる。突然、単に観て快いだけじゃなく、本当にストーリーが語られはじめる」

――コンピュータ・グラフィクスはどのくらい使いましたか？

「できるだけ少なくね。『パシフィック・リム』の場合は、25階建ての高さのロボットは作れなかったから、ずいぶん使ったけどね。『クリムゾン・ピーク』の場合、たとえばクリーチャーは半透明にしたかったし、やはりセット上でそれをやりたかった。だからしばらくの間、鏡を使ってやろうかとも考えたけど、あまりにも複雑だった。屋敷のいたるところを動き回るし、莫大なコストがかかるだろう。そこで結局、VFXの連中と一緒に半透明にするやり方を見つけることにしたけど、役者たちにはずっとメーキャップをほどこして、実際にそこにいてもらった。家については、屋根の天辺から地下室にいたるまで、まるまるセットを建てたんだ」

――その屋敷は鏡のようですね、あるいはその一家の肖像画。

「あの屋敷は霊廟か、捕虫ビンのように設計した。あの屋敷はある家族の悪の部分なんだ。そこには先祖代々のすべての肖像画が掛かっていて、こちらを見てずっと監視している。もしもう一度目を戻すと、壁には手形のかたちで腐食が残っているし、廊下は人間の両肩と頭のシルエットのようなかたちだ。それぞれの窓は、中の人間たちを見つめる眼に見えるように作った。屋敷に入ると、玄関ホールは歯の生えた口のようだし、2つのランプは両眼のようだ。映画で大事な点のひとつは、ルシールが自分を蛾だと思っていること、猛々しい黒い蛾。そしてエディスを蝶だとみなしている。小さく愚かで、はかなく可愛い生物。屋敷全体、家具類、刺繍、床、壁板の模様など、すべてが蝶と蛾の羽根で埋めつくされている。彼女たちの衣裳も羽根がモチーフだ。これは蛾と蝶のあいだの闘いなんだ、そしてガツンと一発蝶がお見舞する」

クロノス

デル・トロの嗜好物のすべてが投入された記念すべき長編監督第1作

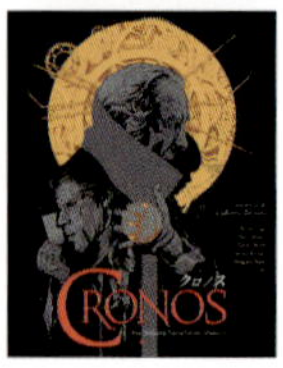

『クロノス HDニューマスター版 Blu-ray』
Cronos
1992年メキシコ映画／出演＝フェデリコ・ルッピ、ロン・パールマン、タマラ・サナス、クラウディオ・ブルック、マルガリータ・イサベル／発売＝是空/TCエンタテインメント／販売＝TCエンタテインメント／価格＝4,104円(税込)／発売中

文＝平沢 薫

記念すべき長編監督第1作。脚本もデル・トロ自身。彼の母国メキシコが舞台、メキシコで撮影、英語とスペイン語の両方が使われている。

ストーリーは、一種のヴァンパイアもの。主人公は骨董品店を経営し、幼い孫娘を愛する老人ヘスス。彼は店の古い天使像の中に、奇妙な機械を発見。機械から触手のようなものが出現して手に食い込み、機械の中に血が流れて機械が動きだす。ヘススは慌てて機械をもぎ取るが、その夜から容貌が若返っていき、同時に人間の血を渇望するようになってしまう。

一方、資産家の老人クラウディオは、古の錬金術師が創った〝永遠の命を与える機械〟を探していた。彼は、甥のアンヘルに命じてヘススから機械を奪おうとするが、アンヘルはヘススを殺してしまう。ヘススは死から甦るが、彼の身体は腐敗していく。彼は、機械の秘密を知ろうとクラウディオを訪ねるが……。

注目なのは、監督第1作とあって、デル・トロの嗜好物のすべてが投入されていること。まずモチーフは、錬金術、古代の伝説、ヴァンパイアという、彼の好みがたっぷり。主人公の孫娘、純粋な心を持つ幼い少女は、『デビルズ・バックボーン』や『パンズ・ラビリンス』の幼い主人公たちに連なっていく。

そして、〝黄金〟〝機械仕掛け〟〝歯車〟〝昆虫〟という、後に彼の作品に何度も登場するアイテムが、すでにこの第1作に登場。錬金術師が創った奇妙な機械のデザインはデル・トロ好みの黄金色の卵のような形状で、表面に複雑な紋様が彫り込まれ、内部は細かい歯車が密集。そしてこの精密な機械仕掛けの中に、彼のもうひとつの好物、〝昆虫〟が組み込まれているのだ。この機械が、主人公の血を吸入してゆっくりと動きだす映像は、まさにデル・トロの真骨頂。

また、死んだ後に主人公の容貌がどんどん奇怪に変貌していくのも、特殊メイク好きのデル・トロらしい。本作の特殊メイクはデル・トロ自身の製作プロが担当している。しかし今回はメイクより、血を渇望する主人公が、トイレの床の血痕があるのを見て、思わず舌で舐めてしまうシーンのほうが強烈だ。

そして出演俳優も、後のデル・トロ組。まず、怪優ロン・パールマンがすでにこの処女作で大活躍。本作の悪役である老富豪に酷使される甥で、叔父の遺産を受け継いだら整形美容をしようと考えているという、凶暴だが憎めないキャラクターを、楽しそうに演じている。

主演のアルゼンチン出身のヴェテラン俳優フェデリコ・ルッピもデル・トロ組。彼は惜しくも17年に83歳で死去したが、『デビルズ・バックボーン』で主人公の少年に協力する医師を、『パンズ・ラビリンス』では、主人公の少女の夢想の中で、彼女を〝娘〟と呼ぶ存在を演じている。

ミミック

デル・トロがハリウッド・デビューを飾ったモンスター映画

Mimic
©Photofest/Zeta Image
1997年アメリカ映画／出演＝ミラ・ソルヴィノ、ジェレミー・ノーサム、アレクサンダー・グッドウィン、ジャンカルロ・ジャンニーニ、チャールズ・S・ダットン、ジョシュ・ブローリン

文＝神武団四郎

『クロノス』で注目を浴びたデル・トロが、ハリウッド・デビューを飾ったモンスター映画。ニューヨークで子供ばかりに感染する新種の伝染病ストリックラー病が蔓延し、多くの犠牲者を出していた。昆虫学者スーザンは、この病を媒介するゴキブリを一掃するため、シロアリとカマキリの遺伝子を掛け合わせた天敵〝ユダの血統〟を開発。この新種の昆虫は、半年足らずでゴキブリと伝染病を根絶した。ユダは遺伝子操作によって交配ができず、その寿命も数ヵ月と短命に設計されていた。ところが3年後、スーザンはユダが急速に進化を遂げ、人間に擬態しながら社会に紛れて繁殖していることを知る。

原作はSF作家ドナルド・A・ウォルハイムが42年に発表した短編〝Mimic〟。デル・トロはここに登場する〝ヒトに擬態する昆虫〟のアイディアを基に、科学の誤用が生み出した変異系モンスターのテイストを加え個性的なSFホラーに仕立てている。キャラ設定は標準的だが、擬態したユダに興味を持ったサヴァン症候群の少年が、音で彼らと交信し仲間と見なされるくだりが面白い。

疫病の蔓延や大量の卵から孵化したユダがいっせいに飛び回る姿が聖書の十の災いを思わせたり、仲間（シロアリはゴキブリの遠縁）を絶滅させるため生み出された天敵にキリストを裏切った弟子ユダの名を冠するなど、映画に宗教的要素を散らしているのもデル・トロらしい。

独自に進化したユダは、体長2メートルほどに巨大化。昆虫にはない肺を備えるなどまったく新たな種へと進化を遂げた。直立し巨大な翅で体を包んだ姿は、遠目には黒いコート姿の男性のよう。前足で頭を覆うと凹凸が人間の顔に見える（ように進化した）という設定や、そのデザインが秀逸だ。クリーチャー・デザインは『遊星からの物体X』のロブ・ボーティンとILM出身で『ヘルボーイ』シリーズや『パシフィック・リム』を手がけるタイルーベン・エリンソン、クリーチャー制作はスタン・ウィンストン・スタジオを経てキャラクター・ショップを設立したリック・ラザリーニが手がけている。ユダの寄り画や幼虫は造型物、引き画のアクションはCGで描かれた。

製作はボブ・ワインスタインで、製作総指揮を手がけた『スクリーム』（96）の大ヒットを受け本作に着手した。当初ハリウッド映画だと割り切っていたデル・トロだが、その締め付けに何度も衝突したという。最終的にワインスタインは別班を立て、追加シーンを挿入して公開した。11年にリリースされたディレクターズカット版ソフトでは、デル・トロが撮っていた削除シーンを戻し、代わりに別班シーンが一部削除されている（日本未発売）。なお変更はドラマ部分のみでクリーチャー関連には手を加えていない。本作で落胆したデル・トロは、これ以降メジャーとは一定の距離を置くことになった。

デビルズ・バックボーン

孤児たちの友情や対立、性への憧れなどを瑞々しいタッチで綴る正統派ゴシックロマンス

The Devil's Backbone
2001年アメリカ映画／出演＝エドゥアルド・ノリエガ、マリサ・パレデス、フェデリコ・ルッピ、フェルナンド・ティエルブ、イレーネ・ビセド

©Photofest / Zeta Image

文＝神武団四郎

スペインで製作したゴースト・ストーリー。内戦末期のスペイン。父を亡くしたカルロスはサンタ・ルチア孤児院に引き取られる。リーダー格のいじめっ子ハイメから洗礼を受けたカルロスは、夜更けに水汲み棟で不気味な影を目撃。それは空襲の晩に姿を消した、ハイメの親友サンティの亡霊だった。その後も亡霊に遭遇したカルロスは、彼が施設の人間に殺害されていたことを知る。

吸血鬼、巨大昆虫と前2作ともモンスター系ホラーを手がけたデル・トロ。今作にも少年の亡霊が登場するが、作品のテイストは正統派ゴシックロマンスだ。舞台の孤児院は、人里離れた荒野にぽつんと建つ古めかしい施設。巨大な扉で外から隔絶されたそこは、昼でも暗く不気味な空気が漂うまさに幽霊屋敷である。

そんな館の住人たちも影を持った者ばかり。右足のない院長カルメンは、理知的な指導者である一方、人目を忍び少年とのセックスで憂さを晴らす中年女性。その義足が仕掛け付きという発想がデル・トロらしい。17歳で彼女に手ほどきを受けたのが、暴力的な雑用係の青年ハシント。いまだ夜の相手を務めながら、カルメンへの憎しみを募らせている。

よき教師で医師のカサレスは、ふたりの関係を知りながらカルメンに思いを寄せる初老の男。彼は性的不能で、科学を信じる一方で二分脊椎症の胎児を漬けたラム酒を精力剤だと信じて愛飲する。本作の題名はこの二分脊椎症の俗称。かつて「望まれない子」と呼ばれたこの病の赤ん坊を、孤児たちにかけている。

サンティの死をきっかけに施設は惨劇に見舞われてゆく。しかしそれを引き起こすのは亡霊ではなく、人間たちの方。怨みを抱えるサンティだが、生きていた頃と同様に弱くて儚い存在なのだ。デル・トロは闇を抱えた、もしくは闇から目をそらしている大人たちが滅んでいく様を、盟友の撮影監督ギレルモ・ナヴァロの絵画のような映像を通じ、容赦なく描いていく。ただし彼らもまた、戦争という狂気の犠牲者なのだというフォローも忘れていない。劇中に外部の描写はほとんどないが、孤児院の中庭には空襲時に落とされた不発弾が地面に垂直に刺さっている。動線が行き交う敷地の真ん中にそびえ立つ黒い鉄の塊は、いまは戦時下なのだと主張しているかのようだ。

怖いというより、もの悲しさの漂う本作だが、屈託のない孤児たちのボーイズライフも見どころ。友情や対立、性への憧れなど思春期の少年たちの内面が瑞々しいタッチで綴られる。小説好きなカルロスと漫画が得意なハイメは、共にデル・トロ自身の投影だろう。すべてが終わった後、彼らがか細い手で孤児院の扉を開き、外の世界に歩き出すラストが心地よい感動を呼ぶ。女性たちから内戦を描いた『パンズ・ラビリンス』とは、さまざまな点で対を為す作品だ。

ブレイド2

『ヘルボーイ』のために撮って大ヒット。『ヘルボーイ』俳優たちが出演

『ブレイド2』

Blade II

2002年アメリカ映画／出演＝ウェズリー・スナイプス、クリス・クリストファーソン、レオノア・バレラ、ルーク・ゴス、ロン・パールマン、トーマス・クレッチマン／発売＝ワーナー・ブラザース ホームエンターテイメント／価格＝ブルーレイ（¥2,381＋税）／DVD（¥1,429 ＋税）／発売中

文＝平沢 薫

デル・トロの長編第4作にして、『ミミック』に続くハリウッド進出第2弾。デル・トロには珍しく、彼自身の企画ではなく、噂によれば本作を引き受けたのは、『ヘルボーイ』映画化のために同ジャンルのヒット作を撮る必要があったためと、『ヘルボーイ』にロン・パールマンを主演させるべく、パールマンのハリウッドでの知名度を上げるためだったとか。ともあれ本作はめでたく全米ヒットして、デル・トロは、ロン・パールマン主演で『ヘルボーイ』を撮ることになる。

基本的にヒット映画『ブレイド』の続編。同名アメコミの映画化作で、脚本は前作『ブレイド』と同じデヴィッド・S・ゴイヤー。ちなみに彼は2年後の『ブレイド3』で監督・脚本を担当、この作品には今や『デッドプール』で大人気のライアン・レイノルズが、ブレイドの相棒役で出演していた。ゴイヤーはこの後、クリストファー・ノーランのバットマン映画や、ザック・スナイダーのスーパーマン映画の原案や脚本に参加することになる。

しかし本作の全米公開は、アメコミ映画ブームの前。空前の大ヒットを記録したサム・ライミ監督の『スパイダーマン』の全米公開は2002年5月3日、本作の全米公開はその約1ヵ月半前の3月22日だった。

さて本シリーズに戻ると、基本は人間と吸血鬼の間に生まれて双方の資質を持つ主人公ブレイドが、吸血鬼たちの陰謀から人間を守ろうとするというもの。今回は、人間だけではなく吸血鬼をも餌食にする新たな吸血族〝リーパーズ〟が出現。吸血鬼一族は、彼らを倒すためブレイドに協力を求め、ブレイドは吸血鬼の精鋭部隊と共に戦うことになる。だが実は、リーパーズの正体には驚くべき秘密が隠されていた。

注目なのは、デル・トロ作品中でもっともカンフー・アクション色が濃厚なこと。それもそのはず、本作には後に『ローグ・ワン／スター・ウォーズ・ストーリー』でハリウッドの人気スターになるドニー・イェンが、吸血鬼の精鋭部隊の一員役で出演し、格闘シーンのコリオグラファー、マーシャル・アーツ・コーディネイターも兼任。彼の演出により、ブレイドと吸血鬼たちが、派手なワイアー・アクションを繰り広げるのが見所になっている。

もう一つのデル・トロ色は、新種の吸血鬼リーパーズの口の部分がエイリアンのように変形するところ。そして、彼らの動きが、昆虫を連想させるところもデル・トロっぽい。

また、俳優たちが『ヘルボーイ』と共通。ロン・パールマンが吸血鬼の精鋭部隊の一員で強烈な印象を残すのをはじめ、吸血鬼の下僕役のカレル・ローデンは『ヘルボーイ』のラスプーチン役、リーパーズの首領役ルーク・ゴスは『ヘルボーイ／ゴールデン・アーミー』のエルフの王子役を演じている。

ヘルボーイ

デル・トロが大好きなコミックをモダンでスタイリッシュな画で描いた念願の作品

『ヘルボーイ』
Hellboy
2004年アメリカ映画／出演＝ロン・パールマン、ジョン・ハート、セルマ・ブレア、ルパート・エヴァンス、カレル・ローデン、ジェフリー・タンバー／発売＝NBCユニバーサル・エンターテイメント／価格＝Blu-ray（2,381円＋税）、DVD（1,429円＋税）／発売中

文＝平沢 薫

デル・トロが彼の大好きなコミックを映画化した念願の作品。原作はマイク・ミニョーラ作／画の『ヘルボーイ』。世界の神話伝説、名作ホラー小説、超常現象、モンスターといったデル・トロの大好物を、モダンでスタイリッシュな画で描いた作品。ストーリーにはコミック数編の要素を使用。映画冒頭の引用はクトゥルフ神話の架空の書物「妖蛆の秘密」で、そこにナチスのオカルト実験、ロシアの怪僧ラスプーチン、古代の魔物が掛け合わされる。

ヘルボーイの誕生は本作で描かれる。第二次世界大戦中、ナチスのオカルト研究に協力するロシアの怪僧ラスプーチンにより、魔界から悪魔の赤ん坊が出現。この赤ん坊が、アメリカ人ブルーム教授に息子として育てられて成長。彼は超常現象的事件を取り扱う米政府の極秘機関、超常現象調査防衛局（ＢＲＰＤ）に所属し、事件を捜査していく。

ヘルボーイを演じるのはデル・トロの盟友ロン・パールマン。スタジオはパールマンが無名だからと懸念したが、デル・トロは彼を『ブレイド2』に参加させて知名度をアップさせた。ヘルボーイの相棒で、思念を読み取る能力を持つ水棲人エイブ・サピエンを演じるのは、本作以降デル・トロ映画の常連になるダグ・ジョーンズ。彼は監督の『パンズ・ラビリンス』『シェイプ・オブ・ウォーター』でも活躍する。

物語の舞台は現代。かつてヘルボーイを召喚した怪僧ラスプーチンが、元ナチスの女性将校イルサと、改造身体を持つ元ナチス一の殺し屋クロエネンによって復活し、古代の魔物サマエルを蘇らせる。ヘルボーイはサマエルを追うが、ラスプーチンの真の目的は、ヘルボーイを使って異界への扉を開き、古の神オグドルヤハドを呼び寄せて世界を支配することだった……。

そういうストーリーなので、ヴィジュアルも派手。とくにクリーチャーのデザインがデル・トロ流。この監督の作品は、いつもクリーチャーのデザインがどこか愛らしいが、それは本作も同じ。ナチスの半機械人間クロエネンがマスクをとった時の、両目の瞼と唇を切除した顔すら、ただ凄惨なだけではない。古代の魔物サマエルの、頭部にクトゥルー神話の神を連想させる触手を持ち、爬虫類や魚類を連想させる顔立ちも、獰猛なだけではない、一種の愛らしさを感じさせる。

そんな異形の彼らが、現代の街中や地下鉄で大暴れするという、現代に古代が乱入したかのような光景が新鮮で楽しい。そして圧巻なのは、ラスプーチンがにクトゥルフ神話の古の神オグドルヤハドを召喚しようとするシーン。その時、次元の裂け目から垣間見える光景は、まさにデル・トロ流のクトゥルフ神話の世界。デル・トロ監督はこうした畏怖心すら喚起する壮大な光景を描くクリエイターでもあるのだ。

パンズ・ラビリンス

混乱を生き抜こうとする少女の悪夢的世界と苛酷な現実が交錯するダーク・ファンタジーの傑作

『パンズ・ラビリンス　スペシャルプライス版』
Pan's Labyrinth
2006年メキシコ・スペイン・アメリカ合作映画／出演＝イバナ・バケロ、セルジ・ロペス、マリベル・ベルドゥ、ダグ・ジョーンズ、アリアドナ・ヒル、アレックス・アングロ／発売＝カルチュア・パブリッシャーズ／販売＝アミューズソフト／価格＝1,500円(税抜)／発売中

文＝清水 節

　すでにハリウッドで成功していたギレルモ・デル・トロが、いくつものビッグバジェット・ムーヴィーの監督オファーを断って、自ら立ち上げたオリジナル脚本でメガホンを執った。それが、混乱を生き抜こうとする少女の悪夢的世界と苛酷な現実が交錯するダーク・ファンタジーの傑作、『パンズ・ラビリンス』だ。

　デル・トロは、世界中のおとぎ話や昔話、神話、児童文学を研究し尽くし、メキシコ出身監督ならではのラテン文化独自のプロットを紡ぎ出した。タイトルである「パンの迷宮」の〝パン〟とは、ギリシア神話の牧羊神のことだが、本作には悪魔のイメージも込められている。

　時代背景は、1930年代後半に起きた激しいスペイン内戦後の、フランコ独裁政権による圧政下。主人公の少女オフェリアは、内戦で実の父を亡くしていた。母は大尉と再婚し、家族は森の中の砦に移り住むことになる。妊娠中の母は、生まれてくる子のことに頭がいっぱいで、オフェリアを構ってやれない。冷酷な義父は、レジスタンスを武力で掃討することに全神経を注いでいる。

　殺伐とした環境の中、オフェリアは不安と孤独に苛まれる。ある夜、彼女の前に妖精が現れた。導かれるようにして、森の奥の迷宮にたどり着くと、そこでは、掌に眼を持つおぞましい異形の牧羊神パンが待っていた。オフェリアに、パンはこう告げる。「あなたは、地下の魔法王国のプリンセスの生まれ変わりです。課せられた3つの試練を果たすことができれば、王国に帰れるのです」

　彼女に与えられる3つの試練とはどんなものか。1つめは、勇気をもって枯れた木を甦らせること。2つめは、誘惑に打ち克って目的を達成すること。そして3つめは、生まれてくる赤ん坊＝弟を生け贄として捧げること。オフェリアは、2つの世界を生きる。国が分断され凄惨な殺し合いが続く現実世界と、彼女にしか見えない奇妙な迷宮世界。

　デル・トロは創作ノートにこう綴っている。「現実世界は直線でできており、ファンタジーの世界は曲線でできている。現実は冷たくファンタジーは温かい。空想の世界は、少女の潜在意識にあるように子宮内の感覚に似たものであるべきだ……」

　男性原理で支配する暴力の象徴のような義父の振る舞い。身重の母の出産のゆくえ。そんな現実ばかりに身を置いていたら、オフェリアの心は壊れてしまう。難題に直面した少女は、生き延びるために「物語」を欲したのだ。ダークな迷宮世界は、現実をかわして克服するために、少女が心の中で変換した現実に拮抗する映し鏡だ。デル・トロは、ファンタジーの有用性を説きながらも、決して安易な結末を用意しなかった。

　本作は、多くの映画賞に輝き、米国アカデミー賞では6部門でノミネートされ、撮影賞・美術賞・メイクアップ賞を受賞している。

ヘルボーイ／ゴールデン・アーミー

デル・トロらしいクリーチャー／機械仕掛け／色彩の魅力が炸裂

『ヘルボーイ／ゴールデン・アーミー』

Bellboy II : The Golden Army

2008年アメリカ映画／出演＝ロン・パールマン、セルマ・ブレア、ダグ・ジョーンズ、ルーク・ゴス、アンナ・ウォルトン、ジョン・アレクサンダー、ジェームズ・ドッド／発売・販売＝NBCユニバーサル・エンターテイメント／価格＝Blu-ray（1,886円＋税）、DVD（1,429円＋税）／発売中

文＝平沢 薫

『ヘルボーイ』のヒットを受けて製作された第2弾。前作のヒットで自由度が増えたのか、さまざまな面でデル・トロ監督の趣味が炸裂しているのが、本作の見どころ。

まず監督の〝クリーチャー好き〟が爆発して、クリーチャーが大量出現。ヘルボーイが〝トロールのマーケット〟で情報を探すシーンがあり、そのマーケットには人間には見えない異形の存在たちが大挙登場。デル・トロ流の奇妙な形をしたクリーチャーは、種類も数も数え切れない。母親に抱かれた赤ん坊のように見えるものが「僕は子供じゃないよ、オデキなの」と言ったりするのもキュート。また、水棲人エイブを演じるダグ・ジョーンズが扮する〝死の天使〟の造形も見事。この天使は顔に目がなく、翼に無数の目を持っている。さらに、巨大な岩男や、天にそびえる巨大さの植物のような形状の古代生物など、デル・トロらしいクリーチャーたちの魅力がたっぷり味わえる。

さらに、第1作『クロノス』からの趣味である〝機械仕掛け／歯車仕掛け〟も大規模になって炸裂。エルフの王子が持つ王冠や卵型武器など、黄金の機械が変形する様もこの監督のテイスト。機械仕掛けの軍団ゴールデン・アーミーが出現する際の、画面いっぱいに琥珀色の無数の歯車が回転する映像に圧倒される。

そして映像の色彩設計も本作の見どころ。デル・トロがこれまでも好んで使ってきた緑青色と琥珀色が、より印象的に使われている。本作の画面は『デビルズ・バックボーン』の琥珀色と『パンズ・ラビリンス』の緑青色、この2色が主張色となり、互いに引き立て合うのだ。この色調のは本作以降も続き、最新作『シェイプ・オブ・ウォーター』ではさらに極まり、デル・トロ流の緑青色が映画全編の基調色になる。『シェイプ・オブ・ウォーター』の色彩演出は、この映画の色彩設計の進化系のようにも見えるのだ。

物語は、主要登場人物も作品のテイストも前作と同じ。今回のモチーフは、アイルランドの神話に「指輪物語」的な要素をプラスしたもの。アイルランドのエルフ族は、かつて人間とお互いに干渉しないという契約を交わし、世界最強の機械兵軍団ゴールデン・アーミーを封印した。だが今、エルフの王子ヌアダは人間の堕落ぶりを見てこの契約に不満を抱き、王を倒して人間を戦争で滅ぼし、世界をエルフ族のものにしようと考える。そして、そのためゴールデン・アーミーを目覚めさせようと計画するが、それを知ったヌアダ王子の双生児の妹、ヌアラ王女が、ゴールデン・アーミーを覚醒させるのに必要な王冠を持って逃走する……。そこに、ヘルボーイと恋人リズの喧嘩と仲直り、エイブとヌアラ王女の切ない恋が絡んで、悲劇あり、愛あり、笑いありの盛りだくさんのストーリーになっている。

クリムゾン・ピーク

英国ヴィクトリア朝の幽霊譚をデル・トロ流に映画化したオリジナル作品

『クリムゾン・ピーク』
Crimson Peak
2016年アメリカ映画／出演＝ミア・ワシコウスカ、ジェシカ・チャステイン、トム・ヒドルストン、チャーリー・ハナム、ジム・ビーヴァー／発売・販売＝NBCユニバーサル・エンターテイメント／価格＝Blu-ray（1,886円＋税）、DVD（1,429円＋税）／発売中

文＝平沢 薫

デル・トロが、彼の大好きな分野の1つ、英国ヴィクトリア朝の幽霊譚を、デル・トロ流に映画化したのが本作。原作のないオリジナル作品で、脚本はデル・トロ自身と彼と『ミミック』「ダーク・フェアリー」で組んだマシュー・ロビンスが手がけている。

英国の人里離れた丘に建つ貴族の館。その館で2人だけで暮らす美貌の姉弟。そこに、弟の花嫁としてアメリカからやってきたヒロインは、子供時代から何度も死んだ母親のゴーストを見ていて、この館でもゴーストたちの姿を見るようになる。そしてゴーストたちに導かれ、この館に隠された恐ろしい秘密へと接近していく——。ストーリーは、英国ヴィクトリア朝のゴースト・ストーリーの王道パターンだ。

そして出演者も豪華。ヒロイン役は『アリス・イン・ワンダーランド』シリーズのアリス役でおなじみのミア・ワシコウスカ。ヒロインが恋に落ちる英国の準男爵役は、『マイティ・ソー』シリーズのロキ役で人気のトム・ヒドルストン。本作での容貌はロキと同じ黒髪の長髪だ。彼の姉役は、デル・トロ製作のホラー「MAMA」に主演したジェシカ・チャスティン。ヒロインに恋して彼女を英国まで追いかけてくる医師役は、デル・トロの『パシフック・リム』に主演したチャーリー・ハナム。デル・トロ映画には珍しく美男美女が揃ったキャスティングになっている。

こうして、ストーリーもキャストも、古びて朽ち果てた貴族の館を作り上げた美術も、華麗な衣裳も、英国ヴィクトリア朝の妖しく耽美な世界そのもの。なのだが、なのにその世界観に収まりきらないのがデル・トロらしいところ。

まず、ゴーストたちのデザインが、ヴィクトリア朝の美意識とはちょっと違う。人間の骸骨をモチーフにしているのだが、他のデル・トロ作品のクリーチャーたち同様、どこかキュートなのだ。クリーチャーが大好きなデル・トロは、作品のタイプが変わってもクリーチャーのデザインに彼の趣味が出てしまう。それもまたデル・トロの魅力だ。

そして、ゴーストたちが恐ろしくないのも、幽霊譚の定番とは異なる。本作のゴーストたちは、最初の出現時からずっとヒロインの味方で、彼女に危害を加えることはない。ゴーストたちが出現する目的は、常にヒロインや観客に恐怖感を与えることではないのだ。

しかし、こうした例外部分はみな本作がデル・トロ映画のお約束を守っているから生じたもの。彼の映画では、モンスターなのは人間で、クリーチャーは純真なのがお約束。だからクリーチャー＝ゴーストたちはヒロインを助けようとするし、ヒロインは真実を知った時に人間たちに向かって「あなたたちはモンスターよ！」と叫ぶ。本作はそんなデル・トロ流モンスター映画でもあるのだ。

Ready Player One
『レディ・プレイヤー1』

VR世界での宝探しに身を投じるファンタスティック・ムーヴィー

2018年アメリカ映画／監督＝スティーヴン・スピルバーグ／出演＝タイ・シェリダン、オリヴィア・クック、マーク・ライランス、サイモン・ペグ、T・J・ミラー、ベン・メンデルソーン、森崎ウィン／上映時間＝140分／配給＝ワーナー・ブラザース映画／4月20日公開

文＝清水 節

スティーヴン・スピルバーグといえば、71歳にしてなお最前線で活躍し、社会的テーマのシリアスな問題作も撮る、アカデミー賞監督賞を2度も受賞したハリウッドの巨匠。しかし70〜80年代の若き日は、SFファンタジーやアドヴェンチャー、ホラーといった、特撮映像を駆使するジャンル映画をメジャーに押し上げて映画界を牽引し、世界中のクリエイターに影響を与えた俊英だった。

そんなスピルバーグが、あの頃に回帰したかのようなタッチで手掛けたのが、VR（ヴァーチャル・リアリティ）世界での宝探しに身を投じるファンタスティック・ムーヴィー『レディ・プレイヤー1』だ。

舞台は、世界経済が破綻した絶望的な2045年。格差の激しい荒廃した街で、底辺の人々は窮屈なトレーラーハウスに住んでいる。庶民の多くは、苛酷な現実から目を逸らすようにして、コンピュータによって創造された仮想現実〈オアシス〉の世界に入り込む。ある日、〈オアシス〉の開発者ジェームス・ハリデーが、「隠された宝、イースターエッグを見つけた者に、全遺産とVR世界をコントロールできる権利を譲ろう」というメッセージを残して亡くなってしまう。やがて、特殊スーツに身を包んでゴーグルを掛け、お気に入りのアバターになりきって、〈オアシス〉の頂点を目指す少年ウェイドと仲間たちは、巨大組織の陰謀に巻き込まれていく――。

原作者&脚本家のアーネスト・クラインは、80年代に映画やTV、ゲームを中心とするポップカルチャーを浴びるようにして育ったという。その頃、日本の特撮・アニメもアメリカに浸透し始めていたため、〈オアシス〉の中では、日米のサブカルのキャラクターやアイテムが分け隔てなく、おもちゃ箱をひっくり返したように競演する。そこはまさに、オタクのドリーム・ワールドだ。

レース場面では『AKIRA』の金田バイクや『バック・トゥ・ザ・フューチャー』のデロリアン号、60年代TVシリーズのバットマン・カー等々が競い合う中、キング・コングやTレックスが走行を妨害する。主人公ウェイドのアバターが正装するときは、『バカルー・バンザイの8次元ギャラクシー』の主人公の身なりを真似し、ジョン・ヒューズの80年代青春映画が会話の重要な鍵を握る。『ストリートファイターII』のリュウや春麗も登場するかと思えば、クライマックスでは、ガンダムやアイアン・ジャイアントまでもが入り乱れてバトルを繰り広げる。〈オアシス〉で勝ち抜くには、オタクとしての濃密な知識が問われるのだ。

日本人少年のアバターが三船敏郎であるのは、スピルバーグの要望。少年が善で敵は大企業という単純明快な構図からして屈託がない。VRに対するスピルバーグの批評的スタンスも窺い知れる。映像エンターテインメントの極致を体感せよ！

アーネスト・クライン

Ernest Cline

「自作を登場させることに神経質なスピルバーグ監督を説得して彼の80年代のアイコンも登場させたんだ」

文＝清水 節

80年代モノを中心にポップカルチャーのキャラクターやアイテムが大挙して登場。スティーヴン・スピルバーグの『レディ・プレイヤー1』は、そんなVR空間で冒険を繰り広げる近未来アクションだ。原作者で共同脚本も務めるアーネスト・クラインは、日本の特撮やアニメにも精通する45歳。筋金入りのオタクだ。

彼の原作小説「ゲームウォーズ」には、SF映画雑誌「スターログ」も登場するので、以前その雑誌の日本版で編集執筆をしていたことがある、と筆者は自己紹介してみた。するとクラインは、「クール！」と驚いて僕が持参していた原作本を指さし、「ポストイット！」と目を丸くして喜んだ。興味深い箇所に、付箋を貼りまくってあったのだ。

早速オタクっぽい切り口で尋ねてみよう。デロリアン号で80年代半ばにタイムスリップして「君の書いた物語をスピルバーグが監督するぞ」と教えてあげたら、どう反応する？

「それはいつも考えていることさ。分厚いメガネをかけて太っちょだった10代の僕は、絶対に信じない。実は、今もまだ信じがたい気がする」

映画化の話が来てどう反応した？

「まず落ち込んだ。そんな話、上手く行きっこない。嗚呼、スピルバーグが撮っていたらどんな映画になっていたのかなあ……と一生想像して暮らすのかと思った。現実になったときはマジカルな瞬間だったさ。自前のデロリアン号に乗って製作会社アンブリンに行った。スピルバーグは車にサインしてくれて、『バック・トゥ・ザ・フューチャー』のセリフ、〝俺たちの行く先に道など必要ない〟と言ってくれたんだよ！」

著作権所有者の異なる多彩なキャラクターやアイテムの豪華競演が、よくも実現したものだ。

「テキストなら問題ないので、大好きなポップカルチャーを全て入れ込んで書いたけれど、確かに映像にするのは別の話。ただ、映画化権を取得したワーナーには『ロジャー・ラビット』という作品があったよね」

それは、異なる映画会社のキャラクターたちが、トゥーンタウンで共存するスピルバーグ製作総指揮作品。

「今作の権利所有者たちも、『スピルバーグ映画に出してもらえるなら是非！』と言ってくれたのさ。多分、他の監督なら無理だったかもね」

それにしても、80年代を牽引したスピルバーグがメガホンを執るなんて、もう奇跡的な展開だ。

「ワーナーとスピルバーグが初めてミーティングを行ったとき、彼は貴方のように、付箋をいっぱい貼った原作を持参して、『こことここは、脚本に盛り込んだ方がいいんじゃない？』などと言ってくれたらしい。僕は同席していなくてよかった。そんな光景を目の当たりにしたら、心臓麻痺を起こしちゃうよ。それほど読み込んで原作を愛してくれていたんだ。無上の喜び！『ジュラシック・パーク』を書いたマイケル・クライトンのような気分さ」

神のような存在である監督とは、どんなコミュニケーションを？

「僕はスピルバーグ映画からストーリーテリングを学び、原作の中にもその要素をふんだんにちりばめてある。主人公がつけてる〈聖杯日記〉なんて、もろ『インディ・ジョーンズ』からの引用さ。ただ困ったことに、彼は自分の監督作やプロデュース作を、今作に登場させることに神経質になっていたんだ。ほら、『ジョーズ』など、自作を登場させた『１９４１』で、メディアからかなり叩かれたことがあったよね」

若き日のスピルバーグが、セルフパロディを披露するなど悪ノリしまくり、大コケした黒歴史でもある。

「でも僕らは、『80年代の代表的アイコンである貴方の作品が登場しないなんて観客が納得するわけない。この映画は、祝祭なんだから！』と、何とか彼を説得したんだよ」

80年代を背景にした『IT／イット』や「ストレンジャー・シングス」のヒットも記憶に新しい。あの時代の要素が求められるのはなぜだろう。

「ノスタルジーさ。スピルバーグ自身、皮肉のないアドヴェンチャーを再び作りたい気分になっていたと思うんだ。あの時代以降の作品は、ダークで深刻なものが増えたよね。80年代の作品を観て育った世代が、作り手に回ったという現実もある」

レジェンドとそのチルドレンによる、黄金期の再現に期待しよう。

Jumanji : Welcome To The Jungle

『ジュマンジ／ウェルカム・トゥ・ジャングル』

あの『ジュマンジ』が、ヴァージョンアップ！

2017年アメリカ映画／監督＝ジェイク・カスダン／出演＝ドウェイン・ジョンソン、ケヴィン・ハート、ジャック・ブラック、カレン・ギラン、リス・ダービー／上映時間＝119分／配給＝ソニー・ピクチャーズ エンタテインメント／4月6日公開

文＝藤沢ともこ

　謎のボードゲームをプレイしたところ、そのゲームの中の出来事が現実に起きてしまうという、ロビン・ウィリアムズ主演の『ジュマンジ』(96)。同じ「ジュマンジ」というゲームながら、TVゲームへと進化したのが、この最新作だ。

　学校で居残りをさせられた高校生4人は、「ジュマンジ」という名前のソフトが入った古いTVゲーム機を発見。それぞれがプレイするキャラクターを選んだ途端に、ゲームの中に吸い込まれてしまう……。

　気弱なゲームオタクのスペンサーは、勇敢で、筋肉ムキムキな無敵のスモルダー・ブレイブストーン博士(ドウェイン・ジョンソン)に。セルフィー大好きな、うぬぼれ美女のベサニーは、デブなオヤジの地図専門家、シェリー・オベロン教授(ジャック・ブラック)に。恥ずかしがり屋で、真面目なガリ勉のマーサは、タフでセクシーな美女戦士、ルビー・ラウンドハウス(カレン・ギラン)に。そして、勉強が苦手なアメフト部のスーパースター・フリッジは、小柄で足が遅い、武器係の動物学者、ムース・フィンバー(ケヴィン・ハート)に……と、全員が現実の自分とは、身体や性格ばかりでなく、性別までも違うキャラに入れ替わってしまう。しかもそこは、カバ、象、ヘビ、サイなどがウジャウジャと生息するジャングル。現実世界に生きて帰るには、ゲームの各ステージを、それぞれのスキルを駆使してクリアするしかない。各自のライフは3回で、使い切ったらゲーム・オーヴァー。彼らはゲームをクリアし、現実世界に戻れるのか……?

　冒険、動物、地図など、それぞれのストロングポイントを活かしたストーリー展開が楽しい。中でも、シャイなマーサが扮するキャラ、ルビーの乗り物倉庫での格闘シーンは、音楽の相乗効果と共に、ヴィジュアル的にはとてもカッコイイのに、なぜか笑える要素もあり、一番のオススメシーン。そして、思わず噴き出してしまうのは、外見はオッサンだが、〝中身はコギャル〟に見えるシェリー博士。これはまさにジャックの演技の賜物。彼以外演じられないと思わせるハマリ役だ。

　もちろん、ドウェイン演じる主人公スモルダー博士は、そのモリモリの筋肉ゆえに逞しく頼りがいがあると同時に、終始スピード感もあり、テンポが良い。クライミング技術なども活かして大活躍。勇気に溢れた行動で次々とミッションをクリアし、決まって最後は〝キメ顔〟。だが、ゲーム上でのライフが残り1になった途端、消極的になってしまう。この物語の素晴らしいところは、〝本当の人生であればもともと命は1つ〟ということに気付かせること。命や仲間の大切さを、声高でなく謳っている点だ。大ヒットを記録している要因は沢山見受けられるが、単なる冒険モノという枠に収まらないことも魅力の1つだろう。

ドウェイン・ジョンソン＆ジャック・ブラック＆カレン・ギラン

Dwayne Johnson & Jack Black & Karen Gillan

「オリジナルに対するオマージュが捧げられている新作」

文=吉川優子

『ジュマンジ』（95）の後日談となる新作『ジュマンジ／ウェルカム・トゥ・ジャングル』は、高校生4人が偶然見つけた古いゲームをプレイしていて、それぞれが選んだ大人のキャラクターのアバターとしてゲームの中の世界に入り込んでしまうという物語。現実世界に戻ってくるためにはゲームを攻略するしかなく、4人は命がけで戦うことになる。設定は前作と異なるが、あちこちにオリジナルに対するオマージュが捧げられているのも嬉しい。

主演でプロデューサーも務めたドウェイン・ジョンソンは、「『ジュマンジ』を作れるということにとても興奮した」そうだ。

ドウェイン（以下D）「（オリジナル映画の）主演のロビン・ウィリアムズに、『ジュマンジ』に、特別な思いを抱いている。だから今作を作れるのは素晴らしいよ。でもこれはリメイクじゃない。前作から20年、25年後の話なんだ。10代の高校生が大人の体にとらわれているというのは、とても面白いアイディアだと思う」

ドウェインは、秀才で内気なスペンサーが選んだアバター、スモルダー・ブレイブストーン博士を演じる。

D「博士を演じるだけではなく、その中身はあまり自信がなく、言いたいことを言えない高校生だということを、常に忘れないようにした」

また、企画開発をしている時から、ジャック・ブラックに出演してもらいたいと思っていたそうだ。

D「脚本を読んでいる時、僕がずっと頭に思い描いていたのがジャックだったけど、彼に本当に出てもらうことが出来た。ジャックはこの映画のことはすでに知っていたけど、まさか女の子を演じることになるとは思っていなかったんじゃないかな。でも彼よりうまくあの役を演じられる人は他にはいない。彼は本当にすごいんだ。撮影現場で世界的大スターである彼が、16歳の少女になりきっているのを見て、毎日圧倒されていた。彼はとても表情豊かなんだ。死ぬほど笑ったよ」

ジャックが演じるシェリー・オベロン教授は、現実世界では美貌に自信満々の女子高生ベサニーというのが面白い。

ジャック「ベサニーは学校で一番の美人で人気者なんだ。僕はセクシーな女の子になるのが得意だから、これはきっとうまくやれると思った。なぜか分からないんだけど、僕の中にそういうところがあるんだよ。僕が持っている引き出しに入っていて、いつでも取り出すことが出来るんだ。僕のセクシーさに、みんながちょっとそそられるはずだと思うよ（笑）」

そして、マーサのアバターで、アクションスターのように強いルビー・ラウンドハウスを演じるのが、カレン・ギランだ。

D「カレンは僕たちが思い描いていたキャラクターによく似ていたんだ。彼女が最近出演した『ガーディアンズ・オブ・ギャラクシー：リミックス』を観たけど、彼女は主役を食ってしまうほど輝いていたし、今作でも素晴らしい演技を披露してくれた」

カレン（以下K）「マーサは、ちょっとオタクっぽい勉強家で、人付き合いが苦手で不器用な少女なの。その彼女がすごくクールな女性戦士の身体の中に入り込んでしまい、どうすればよいか分からなくて戸惑っている。そういうところにとても惹かれたわ。私自身も不器用なところがあるので、ルビーよりもマーサの方に共感を覚えたわ」

激しいアクションシーンを見事にこなしているカレンだが、トレーニングはかなり大変だったという。

K「沢山アクションシーンがあった。でもマーベル作品を経験してるから、そんなに大変なことはないだろうと思っていたら、とんでもなかったわ。パンチやキックといった基本的な格闘技の動きから始め、特定の振り付けを教えてもらったの。一番大変だったのは、2人の男性を相手に戦うすごく長いファイトシーンで、3日間くらいかけて撮影したのよ」

共演者が皆とても愉快な人たちばかりで、とても楽しかったというカレンだが、ドウェインのコメディのスキルにとても驚いたと言う。

K「外見からすると、彼はどうしてもアクション派だと思うわ。でも彼は、さりげないユーモアのセンスを持っていて素晴らしいの。そしていたずら好き。私も草でくすぐられたし、2回くらい引っかかったわ（笑）」

Tomb Raider

『トゥームレイダー　ファースト・ミッション』

“最初の冒険に旅立つ前”を描く

2018年アメリカ映画／監督＝ロアー・ウートッグ／出演＝アリシア・ヴィキャンデル、ドミニク・ウェスト、ウォルトン・ゴギンズ、ダニエル・ウー／上映時間＝130分／配給＝ワーナー・ブラザース映画／3月21日公開

文＝佐野 晶

いきなり心を鷲掴みにされる。前作の冒頭シーンが思い起こされてワクワクさせられるのだ。

アンジェリーナ・ジョリーをスターに押し上げた前作『トゥームレイダー』では、アンジー演じるララはいきなり凶悪なロボットを余裕しゃくしゃくの笑みを浮かべながら二丁拳銃でぶっ壊す。しかもそれは自分が作った練習用ロボットで……。大金持ちで自信に満ちあふれたララの圧倒的な強さを1シーンで見せつけるオープニングだった。

最初の冒険に旅立つ前のララはどんな娘だったか？　それを予想を裏切る形で披露する。ロボットならぬ大女と格闘するララ。でも負けちゃう。しかも貧乏で、自転車でメッセンジャーをしている。ことごとくアンジー版ララより未熟なのだ。演じるのは可憐なアリシア・ヴィキャンデル。元バレエダンサーのアリシアの引き締まった体はムキムキじゃない。そこがまたリアル。でも勝気で無謀でやんちゃってところはそのまま。彼女がどんな形で成長していくのか、を丹念に描いていく。このあたり、アカデミー賞女優であるアリシアが的確な演技で彼女のキャラクターをくっきりと浮かび上がらせる。

物語の端緒は、ヒミコだ。触れるだけで人を死に追いやる能力を持った女王ヒミコ。その能力を封じるために、彼女は日本の離島に埋葬された（もちろんフィクション）。ララの父親は実業家にして冒険家だった。彼はヒミコの全てを調べ上げていたのだ。そして資料を娘のララに託す。処分するように、と。ある組織がヒミコを復活させるべく離島を探し当てて世界征服を狙っているのだ。

だがララは処分をしない。機転を利かせて金を作り（こういうディテールもアイディアがあって上手い。さらにラストへの伏線になっていたりするのだからから気が利いてる）、離島へと向かう。

ララが漂着した島では、大がかりなヒミコの発掘作業が組織によって行なわれている。だが決定的な墓の場所が分からないために、難航していた。そこにララが資料を手にして現れてしまったのだ。資料を基に島の地下にある墓にララたちは向かって行くが……。

凄まじいが、細部にまでこだわったリアルなアクションの連続。ララは容赦なく汚れて傷だらけになっていく（ハスキーヴォイスの絶叫がかっこいい）。それでも決してへこたれない。倒れても何度でも起き上がって窮地を脱し、次第にララは逞しくなっていく（実際にトレーニングによってアリシアの身体は引き締まり、撮影中に何度も衣裳を作り替えなければならなかったという）。

そしてついに現れるヒミコ。その存在の意味の意外さ。そのSF的な解釈の素晴らしさに驚愕させられる。

ラストのオチまで、旺盛なサーヴィス精神に貫かれたアクションアドヴェンチャーだ。

Interview

アリシア・ヴィキャンデル

Alicia Vikander

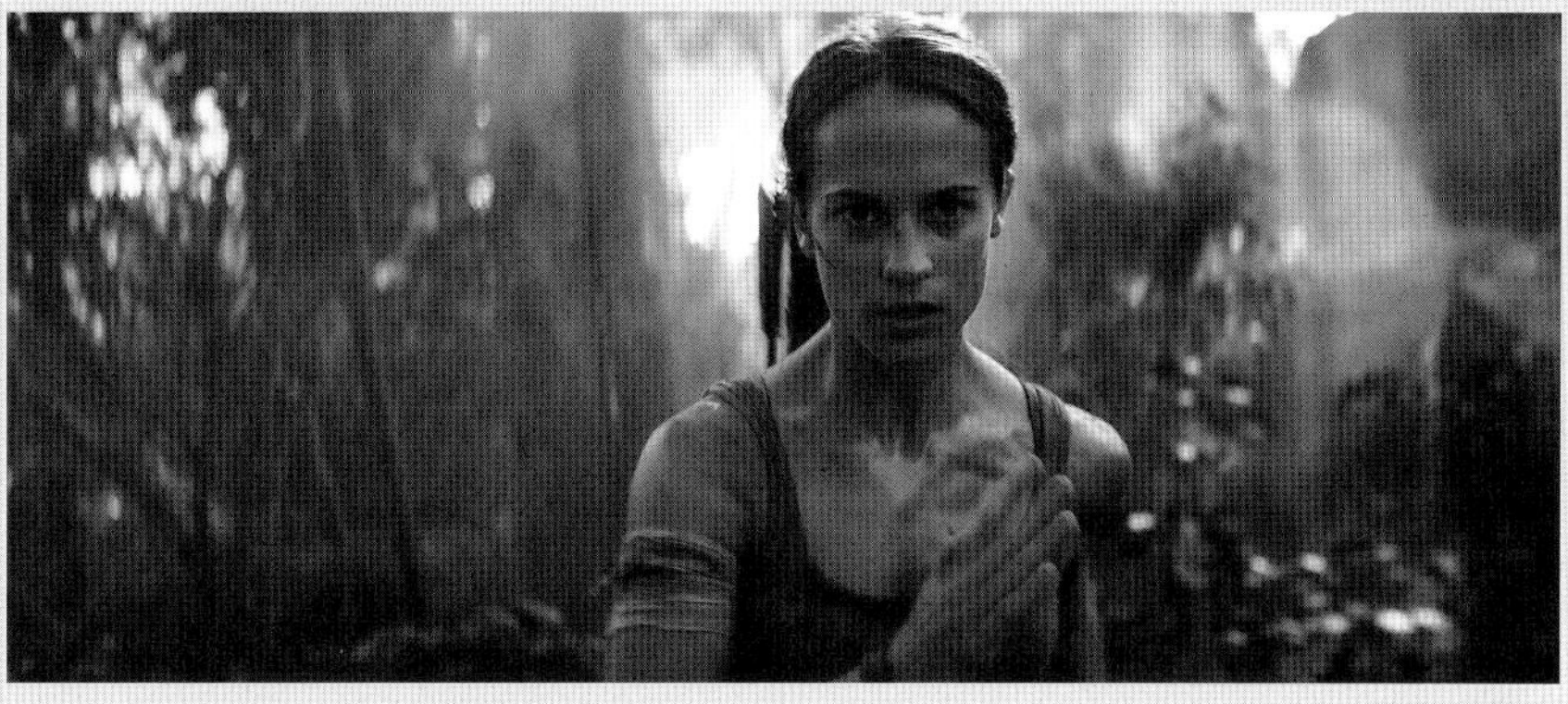

「広大なセットでの撮影は魔法にかけられたみたいで、本当に楽しかった」

文＝編集部

ララ・クロフトのオファーを最初に受けたときの感想は？

「『トゥームレイダー』のゲームをやってきたので、ララ・クロフトというキャラクターにはもちろんなじみがありました。この映画は、2013年版のゲームからインスピレーションを得ていますが、私がやっていたゲームとはかなり違うので、今回やってみたところ、もっと現代的な感じがとても良かった。だから、監督のロアー・ウートッグやプロデューサーたちと会い、彼らがどんな映画にしたいのか、興味深い話を聞かせてもらった。彼らが目指したのは、魅力的で人間味溢れ、現代に即した刺激的な新しい形で、『トゥームレイダー』の世界とララに生命を吹き込むこと、そして今の時代に紹介することなのだと、私は理解したわ」

あなたがララに惹かれた理由は？

「ララは元気いっぱいで、知的で、ウィットに富んでいて、冒険への情熱もある。これは始まりを描いたストーリーなので、ララは自分がどう生きようとしているのか見極めようとし、世の中での自分の居場所を見つけようとしているところなの。彼女は特権階級の生まれなのに、華やかな人生を享受する代わりに、自立しようとするところもとても好き。彼女は自分のやり方で自分というものを見極めたい。私はそこが誰でも共感できる点じゃないかと思うわ。ララは、行方不明の父親との関係で心に傷を負っている。彼女の父親は彼女が13歳のときにいなくなってしまったので、ララは父を悼むことさえできていない。だから、この映画の最初では、幼いときに父が話してくれた奇抜な話や様々な物語について、彼女はちょっと皮肉な見方をしている。でも冒険に乗り出すなかで、彼女は再び心を開き、そんな話を再びあえて信じようとし始める。私は彼女のそんなところも好きよ」

父親のリチャード・クロフト役をドミニク・ウェストが演じていますね。

「脚本を読んだとき、私があの役に最初に思い浮かべたのがドミニクなの。『戦場からのラブレター』という映画で、彼は私の父を演じたことがあったから。ドミニクはものすごく陽気で、堅実で、すばらしいエネルギーの持ち主。それはリチャード役にとても合っていて、特に神話や古代の工芸品に対する情熱を表すときはピッタリだったわ」

ララが父の失踪にまつわる謎を解こうとするときに彼女の味方になる船長ルー・レンを演じたダニエル・ウーとの共演はどうでした？

「ダニエルはすごい俳優だし、この映画にとってもすばらしいキャストだわ。彼がTVの『バッドランド〜最強の戦士〜』シリーズでやっているスタントもすごくて驚いた。この映画で私が自分のスタントをやるうえで、参考にさせてもらったの。彼との共演はとても楽しかった。ルー・レンを見ていると、その人物にとって全てが自然にうまくいくという意味で、若きハン・ソロを思い出す。ルー・レンは率直で、決してヘマをしないタイプのヒーローね」

監督と組んでいかがでしたか？

「この映画でロアーと組めたのは素晴らしい経験だわ。彼はいつも大掛かりなアクションと物語、キャラクターのバランスをうまくとっていた。ロアーにとって、アクション・アドヴェンチャー大作という枠内で、良質でドラマチックなストーリーを描くことが重要だった。彼の監督作『THE WAVE／ザ・ウェイブ』を観て、期待を裏切らないスケールをもつ作品なのに、ジャンルの枠の広げ方にとても驚かされた。あれだけのパニック映画でありながら、私はいつしかキャラクターたちに共感を抱き、彼らを応援していたの。人間関係や感情表現がリアルに感じられたわ」

演じた中でお気に入りのシーンはありますか？

「ひとつだけ選ぶのは難しいわ。この作品には、俳優としてそれまでやったことがなかった大掛かりなシーンが沢山あったし、実際にスタントをしたから。セットのほとんどが実際に作られたもので、派手なアクション・シークエンスは格別のものがあった。巨大な塔や石棺や驚くほど凝った小道具を見て、子供のように駆け回ったわ。広大なセットでの撮影は魔法にかけられたみたいで、本当に楽しかったわ」

Valerian and the City of a Thousand Planets

『ヴァレリアン　千の惑星の救世主』

驚異のヴィジュアルがシャワーのように降り注ぐ

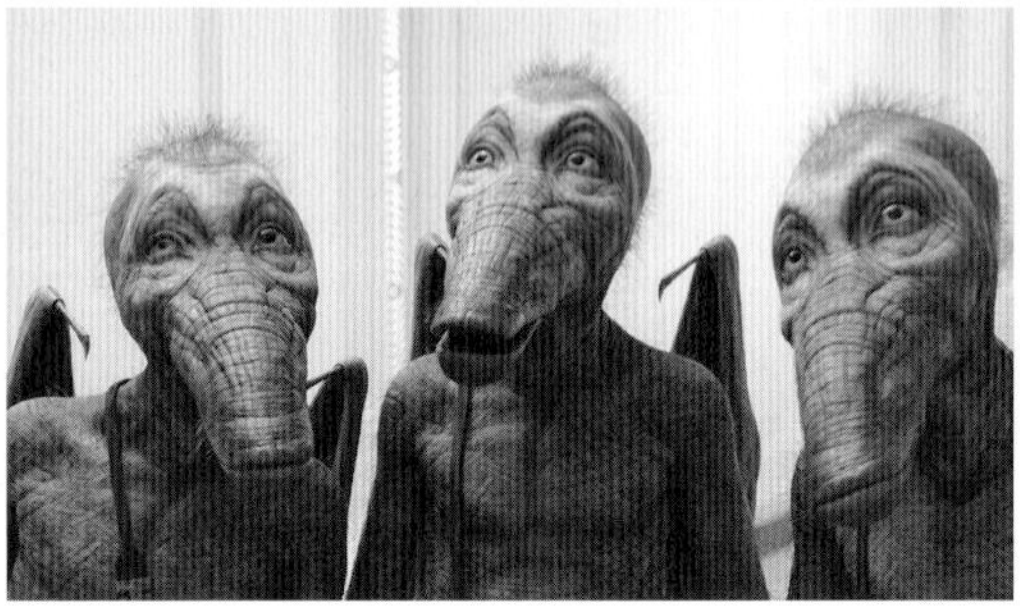

2017年フランス映画／監督・脚本＝リュック・ベッソン／出演＝デイン・デハーン、カーラ・デルヴィーニュ、クライヴ・オーウェン、リアーナ、イーサン・ホーク／上映時間＝137分／配給＝キノフィルムズ／木下グループ／3月30日公開

文＝りんたいこ

ピエール・クリスタン作、ジャン＝クロード・メジエール画によって1967年に誕生したバンド・デシネ「ヴァレリアン」シリーズ。『スター・ウォーズ』にも影響を与えたといわれるこのSFコミックを、ベッソンが映像化した。ベッソンのSF作品といえば、97年の『フィフス・エレメント』が思い浮かぶが、メジエールに『フィフス～』のデザインを依頼したとき彼からは、「ヴァレリアンを作るべきだ」と言われたという。しかし、当時のベッソンは映像技術的に無理と判断。実現可能と思えたのは、2009年公開の『アバター』のセットを訪れたときだった。10歳の頃、原作と出会い魅了されただけに、ベッソンの今作に対する思い入れの強さは、至るところに見受けられる。例えばそれは、『フィフス～』のときは188ヵ所だった視覚効果ショットが、今作では2734ヵ所になっていることに現れている。

さて、肝心のストーリーだが、舞台は西暦2740年。連邦捜査官のヴァレリアンとローレリーヌは、宇宙船イントルーダーXB982に乗り、銀河をパトロールする毎日。そんななか、莫大なエネルギー源を生み出す〝ミュール変換機（コンバーター）〟の回収を命じられ、それをきっかけに銀河を揺るがす危機に立ち向かっていくことになる。

冒頭の、1975年の宇宙船アポロとソユーズのドッキング映像から、既に心を持っていかれる。その後に続く、異星人と人間が挨拶し合う姿になんだかとても共感し、流れるデヴィッド・ボウイの「Space Oddity」も耳に心地よい。そして物語の導入部、惑星ミュールの楽園のような描写にうっとりし、惑星キリアンでのミュール変換器回収作戦の斬新な描写に舌を巻き、ヴァレリアンとローレリーヌの大活躍に手に汗握りと、137分間、驚異のヴィジュアルがシャワーのように降り注ぎ、めくるめくSF世界にどっぷり浸ることができる。特に、惑星キリアンでの、特殊なゴーグルをつけると異次元空間に入り込め、巨大マーケットの中を歩き回るという描写は、不可思議過ぎてムムとなり、スクリーンを見ながら前のめりになった。

加えて、「ダ」しか言わないウォンバットのようなダ、食欲旺盛なブーラン・バソール、何かとかしましい情報屋トリオのドーガン＝ダギーズなど、極めてユニークな異星人たちは、観ていて楽しい。なかでもミュール変換器の愛らしさは胸キュンものだ（〝変換器〟とあるが、れっきとした生物なのだ）。

ローレリーヌにぞっこんで、〝俺、イケてるだろ〟オーラをたぎらせながら彼女を口説き落とそうと奮闘するヴァレリアンと、落ちそうで落ちないローレリーヌの駆け引きも、作品の程よいアクセントになっている。鬱々とした役が多いデハーンにこのヴァレリアン役はかなり新鮮だが、これが結構ハマっている。

Rampage

『ランペイジ 巨獣大乱闘』

動物たちが、実験の失敗によって巨大化！

2018年アメリカ映画／監督＝ブラッド・ペイトン／出演＝ドウェイン・ジョンソン、ナオミ・ハリス、ジェフリー・ディーン・モーガン／配給＝ワーナー・ブラザース映画／5月18日公開

文＝平沢 薫

巨大モンスターたちが大都市で大暴れ、彼らに『ワイルド・スピード』シリーズのドウェイン・ジョンソンが立ち向かう。80年代の人気アーケード・ゲームを原作にした本作は、この設定だけで、痛快なSF巨大モンスター・アクション映画が期待できるが、それに加えていくつもユニークな要素がある。

その1つはまず、モンスターたちのサイズが一定ではなく、どんどん巨大化していくこと。ゴリラ、オオカミ、そしてワニが、遺伝子操作実験の失敗によって巨大化し、その巨大化が止まらなくなるのだ。ここが他のモンスター映画とは一味違うところ。彼らの身体サイズの変化につれて、武器も銃からミサイルへと変化。そして、ついにミサイルすら効かなくなってしまうのだ。

そして、もう1つは、主人公とゴリラの間に感情的なドラマがあること。ドウェイン・ジョンソン演じる主人公デイヴィスは霊長類学者で、知能の高いアルビノのゴリラ・ジョージとは、親しく交流していた。だからジョージが巨大化しても、デイヴィスは、ジョージと自分の関係は変わらないはずだと思わずにはいられないのだ。

そんな人間ドラマも加味されているので、キャストたちも、モンスター・パニックだけの映画とは違って演技派揃い。デイヴィスに協力する遺伝子学者役は、『ムーンライト』(16)でオスカー助演女優賞にノミネートされたナオミ・ハリス。モンスターの暴動を阻止しようとする捜査官役でTV「ウォーキング・デッド」の悪役ニーガン役も強烈なジェフリー・ディーン・モーガン、『マジック・マイク』シリーズのジョー・マンガニエロらが共演する。

さらにもう1つ、本作にはド派手なディザスター・ムーヴィーの要素も掛け合わされているはず。というのも、本作には、同じドウェイン・ジョンソンが主演して、カリフォルニア一帯を襲った大地震をリアルかつ過激な映像で描いたディザスター映画『カリフォルニア・ダウン』のスタッフが結集しているのだ。まず、監督ブラッド・ペイトンが同じ。この監督とドウェイン・ジョンソンは相性が良く、SFアクション・アドヴェンチャー『センター・オブ・ジ・アース2 神秘の島』(12)で初顔合わせして、本作が3度目のタッグになる。そして、脚本家カールトン・キューズも、撮影のスティーヴ・イェドリンも『カリフォルニア・ダウン』組。となればもう、巨大モンスターたちが、大地震級のディザスターを巻き起こすのに違いない。

気になるVFX担当は、名スタジオWETAデジタルと、『カルフォルニア・ダウン』にも参加し『GODZILLA ゴジラ』『キングコング:髑髏島の巨神』など巨大モンスター映画を手がけてきたスキャンラインVFX。大迫力のVFX映像にも期待大だ。

Avengers : Infinity War

『アベンジャーズ／インフィニティ・ウォー』

かつてない規模のオールスター映画

2018年アメリカ映画／監督＝アンソニー・ルッソ＆ジョー・ルッソ／出演＝ロバート・ダウニー・Jr.、クリス・ヘムズワース、マーク・ラファロ、クリス・エヴァンス、ジョシュ・ブローリン／配給＝ウォルト・ディズニー・ジャパン／4月27日公開

文＝斉藤博昭

マーヴェル・シネマティック・ユニヴァース（MCU）の中核となる『アベンジャーズ』。その待望の最新作がいよいよ公開となる。前作『アベンジャーズ／エイジ・オブ・ウルトロン』の後、アントマン、ドクター・ストレンジ、スパイダーマン、ブラックパンサーと、それぞれ主演作が生まれ、MCUで新たなヒーローとして大活躍。そんな彼らが加わるうえに、あの『ガーディアンズ・オブ・ギャラクシー』のメンバーも参戦するとあって、かつてない規模のオールスター映画が誕生しそうだ。

今作の最大の見どころは、MCU史上でも〝最恐〟と言われる敵キャラクターの登場だろう。宇宙に存在する命の半数を亡き者にしようとする、闇の帝王サノスだ。演じるのはジョシュ・ブローリン。声だけでその恐ろしさを伝えるうえ、各ヒーローとの一騎打ちでは相手を完全に圧倒するパワーを見せつける。しかも強力な司令官たちを従えており、その冷血な指揮も含めて無敵の存在として立ちふさがるのだ。そのサノスが地球にも現れ、MCUのキーアイテムであるインフィニティ・ストーンの6つ、全てを手に入れようとする。これを許したら、人類はもちろん、宇宙全体の運命が暗黒に陥るのは間違いない……。

アベンジャーズの一致団結が試されるストーリーだが、『シビル・ウォー／キャプテン・アメリカ』でも予感させたように、チームを引っ張るアイアンマンとキャプテン・アメリカの溝はさらに深くなっている。アベンジャーズ自体が危機を迎えており、その内部争いを中心に多くの人間ドラマが劇的に絡むのも今作の魅力となる。自己犠牲や絆などがカギとなり、思わぬシーンで感動が高まる可能性も大！

つい先頃公開されて大ヒットした『ブラックパンサー』との繋がりも濃厚で、彼の祖国ワカンダも登場。原産鉱物のヴィブラニウムが物語で重要な役割を果たす。さらにニューヨークはもちろん、広大な宇宙空間でもバトルが展開。『ガーディアンズ～』でおなじみのザンダー星も舞台となる。その『ガーディアンズ～』のキャラクターたちがもたらすユーモアや痛快なノリも、『アベンジャーズ』前2作とは違って新鮮に映るはず。監督を務めるのは『シビル・ウォー／キャプテン・アメリカ』のアンソニー＆ジョーのルッソ兄弟。多数のキャラに見せ場を作る手さばきと、大スペクタクルのアクション演出が冴え渡る。

今作を最後にMCUから去ると言われていた重要人物は一体誰なのか？ 公開前の様々な噂が、ようやくスクリーンで確認できる。この直後に公開が控える『アントマン＆ワスプ』、そして2019年公開の『アベンジャーズ』第4作にして最終章に向けての必見作ではあるが、とにかくヒーロー大集結の「お祭りムーヴィー」として楽しみたい！